山西省高等学校哲学社会科学研究项目资助（编号：2013334）

信义炳世

关公文化概略

主　编　秦建华
副主编　陈　雪　雷英铎　杨方岗

山西出版传媒集团
山西人民出版社

图书在版编目（CIP）数据

信义炳世：关公文化概略／秦建华主编；陈雪，雷英铎，杨方岗编著. — 太原：山西人民出版社，2014.9
　ISBN 978-7-203-08708-3

Ⅰ.①信… Ⅱ.①秦… ②陈… ③雷… ④杨… Ⅲ.①关羽（160～219）-人物研究　Ⅳ.①K825.2

中国版本图书馆CIP数据核字（2014）第206393号

信义炳世：关公文化概略

主　　编：	秦建华
编　著：	陈　雪　雷英铎　杨方岗
责任编辑：	何赵云
装帧设计：	刘彦杰
出　版　者：	山西出版传媒集团・山西人民出版社
地　　址：	太原市建设南路21号
邮　　编：	030012
发行营销：	0351-4922220　4955996　4956039
	0351-4922127　（传真）　4956038（邮购）
E－mail：	sxskcb@163.com　发行部
	sxskcb@126.com　总编室
网　　址：	www.sxskcb.com
经　销　者：	山西出版传媒集团・山西人民出版社
承　印　者：	山西臣功印刷包装有限公司
开　　本：	890mm×1240mm　1/32
印　　张：	8.75
字　　数：	180千字
印　　数：	1-2000册
版　　次：	2014年9月　第1版
印　　次：	2014年9月　第1次印刷
书　　号：	ISBN 978-7-203-08708-3
定　　价：	28.00元

如有印装质量问题请与本社联系调换

大学文化建设系列丛书编委会

主　任：崔克勇
副主任：刘自强
成　员：张作伟　贺正云　荆飘丝　董卫政　张　明
　　　　何青山　邰三亲　高建民　李永康　张青文
　　　　任月勇　路民芳　辛京奇　胡卫平　王学革
　　　　樊旺合　刘　烽　张战峰　王天恩　段右军
　　　　阎景云　程英红

《运城学院大学文化建设系列丛书》

总 序

运城学院党委书记　崔克勇

如果说，大楼与大师是大学的硬件与软件的话，那么，大学文化则是大学的精髓与灵魂。某种程度而言，大学文化建设的优劣决定着一所大学品位之高低。

何谓大学文化？大学文化是一所大学在长期的发展与实践过程中孕育并形成的价值理念与精神传统，是大学校园里思想启蒙、人格唤醒与心灵震撼的无形力量。

一般而言，大学文化包括精神文化、制度文化、行为文化与环境文化等诸多内容。

毋庸置疑，大学文化建设是一项长期性的系统工程，其内容的丰富性，势必需要相应的顶层设计、制度保证与大学师生的共同努力。然而，综观当下中国的大学文化建设之现状，还需要我们不断地探索与实践。

运城学院作为一所以培养应用型人才为根本任务的地方性本科院校，在大学文化建设方面培育个性的"突破口"在哪里？或者说，我们应该建设什么样的文化校园？

首先，运城学院应有大学共有的文化，比如"崇德仰学"的价值追求，"笃真至善"的精神坐标，"卓尔不群"的人格

风范,"勤奋严谨"的治学氛围。其次,运城学院应该有其自身独有的大学文化。我们的办学目标是建设以师范类、商务类和工程类为优势学科专业群,以河东文化为大学文化特色的山西省高素质应用型人才培养基地。大学文化建设任重而道远。

众所周知,运城学院坐落在人杰地灵、物华天宝的河东大地。而河东文化源远流长、内涵丰富、异彩纷呈,很多不乏深刻的教育意义和警示意义。在河东文化研究方面,运城学院又是山西省重点人文社科研究基地。在运城学院校园里,我们要研究河东文化,传承河东文化,展示河东文化,弘扬河东文化,把我们的校园打造成"河东文化主题公园"——我认为,这便是我们运城学院大学文化建设的特色之所在。

有鉴于此,运城学院一批有忐于河东文化研究的学者,撰写并完成了一批学术性与普及性并重、可思性与趣味性兼顾的书籍。学院决定将陆续推出其中的数部,我相信对运城学院的大学文化建设而言,这是一件极有意义的事情。

是为序。

二〇一二年九月

关 公 赋(代序)

黄勋会

庚子起风雷,河东惊天地。解梁祥云缭绕,关羽横空出世。丹凤眼,卧蚕眉,气宇轩昂;飘柳髯,九尺躯,浩然威仪。伸正气,替天行道;诛恶豪,福荫桑梓。立志报国,挥戈奔涿郡;桃园结义,高擎匡汉旗。持青龙偃月刀,谱三国英烈史。金戈铁马,逐鹿中原,沙场征战,所向披靡。循赤兔蹄踵,看疆场狼烟四起;览巨人圣迹,感英雄横天一义。一部春秋,秉烛夜观怀九州;一腔豪气,披风扬沙出蒲州;一片冰心,壮雅神逸辅豫州;一弯大刀,叱咤风云镇荆州。屡战屡胜,勋功熠熠:温酒斩华雄,三战吕布,过五关,斩六将,护甘糜双嫂,千里走单骑,古城相会,义收廖化,计取樊城,三顾茅庐,华容释曹,仁收黄忠,单刀赴会,水淹七军,刮骨疗毒。卌载孜孜,四季不辞,主玄德,友翼德,义孟德,以德立身,功高盖世。许昌郡泼墨抒怀,风雨竹千古胜记:不谢东君意,丹青独立名。莫嫌孤叶淡,终久不凋零。允文允武,尽心尽力。时人赞曰:对国以忠,待人以义,处世以仁,作战以勇。壮哉云长!秉山岳风骨,蓄日月精魂,一雄薄云,立华夏儿女之标范;悟春秋真谛,践麟经大道,一峰冲霄,竖民族精神之旗帜。

己亥泣鬼神，麦城落朱義。华夏山河悲泣，英雄马革裹尸。首枕豫，身献鄂，白练垂天；归晋魂，八方庙，祭台万里。哭英灵，伏地承德；悼英魂，高山仰止。虔心耿耿，信仰越时空；官民熙熙，弘扬先烈志。群祁肇造华章，昭示挚情盛意。殿堂祠观，寰球林立，烟雾袅袅，香客济济。溯朝野宫阙，赞天下关庙独尊；观仕农祈福，叹信众五体投地。一座祖庙，解州灵光媲中阳；一座家祠，常平奇柏悬阴阳；一座关陵，百代顶礼会当阳；一座关林，千载膜拜聚洛阳。历朝历代，御谥比比：襄阳当太守，汉寿亭侯，虎将首，关壮缪，伽蓝护法神，义勇武安王，荡寇将军，盖天古佛，崇宁真君，伏魔大帝，山西夫子，天下武圣，协天大帝，关圣帝君，万世人极。百代流芳，万古思齐。循儒教，融佛教，寓道教，三教九流，皆奉神祇。春秋楼藏经蕴纬，四好碑镌文铭记。英风贯金石，壮节植纲常。庙食遍天下，神栖归故乡。乃圣乃神，亦君亦帝。后世称云：史敬为公，武祀为圣，文尊为子，民拜为神。先武穆而尊，与仲尼并圣，巨星悬宇，耀天下普世之价值；承关公忠勇，继云长仁义，系日加持，发中华复兴之伟力！

目 录

上 编

第一章　史料记载中的关羽其人 ……………………………… 3
　　第一节　生平概况 …………………………………………… 4
　　第二节　勇武善战 …………………………………………… 21
　　第三节　忠肝义胆 …………………………………………… 25
　　第四节　刚愎傲慢 …………………………………………… 28
　　第五节　易怒好色 …………………………………………… 32

第二章　文学作品中的关公形象 ………………………………… 35
　　第一节　话本、小说中的丰满形象 ………………………… 35
　　第二节　戏剧、杂剧中的完美形象 ………………………… 53
　　第三节　诗词、碑刻、楹联中的高大形象 ………………… 58

第三章　民间传说中的关公故事 ………………………………… 86
　　第一节　身世传说 …………………………………………… 86
　　第二节　姓氏传说 …………………………………………… 89
　　第三节　武艺传说 …………………………………………… 91
　　第四节　宝剑传说 …………………………………………… 96
　　第五节　风物传说 …………………………………………… 98
　　第六节　书画传说 …………………………………………… 101
　　第七节　秉烛达旦 …………………………………………… 103

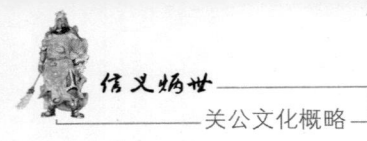

第八节	荆州教子	104
第九节	收服周仓	105
第十节	魂归玉泉	109
第十一节	决断疑案	110
第十二节	征战蚩尤	112

第四章 走向神坛的关圣大帝 … 115
  第一节 殁后显圣 … 115
  第二节 各教派的推崇 … 119
  第三节 历代统治者的屡屡褒封 … 120
  第四节 显灵济世的护佑功能 … 124
  第五节 庙宇遍天下 … 132
  第六节 隆重的祭祀活动 … 147

下 编

第五章 关公崇拜与中华文化 … 153
  第一节 社会各界与关公崇拜 … 154
  第二节 关公崇拜的缘由 … 177

第六章 关公崇拜与儒、释、道三教 … 190
  第一节 关公崇拜与佛教 … 190
  第二节 关公崇拜与道教 … 195
  第三节 关公崇拜与儒教 … 199

第七章 关公文化的内涵与特质 … 207
  第一节 关公文化的含义与构成 … 207
  第二节 关公文化的内容与形式 … 212

第三节　关公文化的创造主体 …………………………… 238
   第四节　关公文化的特点与作用 ………………………… 239
第八章　关公文化的现代意义 …………………………… 246
   第一节　有利于和谐社会的构建 ………………………… 247
   第二节　有利于民族凝聚力的增强 ……………………… 250
   第三节　有利于核心价值观的认知与认同 ……………… 252
   第四节　有利于市场经济的健康发展 …………………… 255
   第五节　有利于职场价值的实现 ………………………… 258

参考文献 ………………………………………………………… 262
后　记 …………………………………………………………… 264

上编

第一章　史料记载中的关羽其人

关羽作为历史人物，流传至今，可谓家喻户晓，妇孺皆知。不过，在普通民众的心目中，一般都认为关羽是手执青龙刀、脚蹬赤兔马、过五关斩六将、勇猛无比，殁后还能法力无边、降妖除魔、赐福佑人。然而，这种形象并非是历史上的真实关羽，其中既有历史的影子，也有文学艺术的渲染和浓厚的封建迷信色彩。那么，历史文献中所记载的关羽到底是怎样的？作为一个真实的历史人物，他的生平、家世、性格、功业及优缺点又是怎样的？下面，让我们共同走进历史的隧道，以探秘历史上的关羽其人。

《三国志》是最早记载关羽史料的文献，也是最可信的历史记载，《魏书》《蜀书》《吴书》都分别记有关羽的相关事迹：亡命涿郡、追随刘备、委寄曹操、刺杀颜良、辞曹归刘、守荆伐襄、痛失荆州、身死临沮等。这些史实基本反映了关羽作为一名蜀汉大将的真实人生。

第一节 生平概况

一 籍 贯

关羽籍贯在哪里，生于何地，故里何许？《三国志·关羽传》中记载：

关羽，字云长，本字长生，河东解人。

河东，先秦时期泛指黄河以东的地区；秦统一天下后，划全国为36郡，其中就有河东郡。这里所指的河东，指的是两汉时期的河东郡，辖境大致相当于今天的山西省运城市及临汾、晋东南地区的一小部分。

河东，自古以来就是令人瞩目的地方，它东接太行，西濒黄河，南横中条，北陈汾河，被山带水，气候宜人，物产丰饶。它是尧舜禹三代贤王的建都之地，是各路诸侯争霸的军事要冲，是中华文明的发祥地之一，是英杰俊彦、群星闪耀之地。河东这方沃土养育了一代又一代闻名遐迩、彪炳史册的人物：傅说、百里奚、荀况、张仪、柳宗元、司空图、王通、王勃、裴度、司马光……他们都曾在历史的长河中，放射出耀眼夺目的光芒。而三国时期的蜀汉名将关羽，就出生在这方神圣的土地上。

解，作为古河东的一个建置和区域，据《梦溪笔谈》《解州全志》记载：解，指的就是今天的运城市解州一带，由于历史上解县曾改州、改镇，而且治所移至现在的解州镇，所以有些书籍中常常称关公为解州常平下冯村人。比如《山西通志》中称：关夫子故里在解州东十八里常平下冯村。

在今解州西门外和常平村西一里许的大道旁，就分别竖立着"关公故里"、"关公故宅"石碑，均为清康熙年间所立。而坐落在常平村中的关帝祖祠（关帝家庙），相传就是关公故宅。据文献记载，这是关公殁后，乡人因感慕他的勇武和盛德而建的，岁时奉祀，从无间息。大庙之前，左、右各竖木构牌坊一座，雕造十分壮丽精美。上面分别题刻"灵钟鹾海"、"秀毓条山"。鹾海，指的是自古而著称的河东盐池；条山，则谓横亘在运城境内的中条山脉。题刻既明确地指出了关公故里及其家庙的地理环境，又巧妙地赞颂了当地的自然风光与历史人物。如今，关羽家庙及祖茔都是省级文物保护单位，每年都有成千上万的关公后裔及善男信女慕名前来造访朝拜、寻根问祖。

二 姓 氏

关公姓"关"，许多有关史志、谱牒文献都有明确记载，本应无疑义，但有些史料记载或民间传说中却有种种"关公不姓关"的说法。

清代文学家梁章矩曾说："关公本不姓关"。

毛泽东同志也说过："曹操本不姓曹，关羽本不姓关"。

关公姓氏之说，民间传说版本很多，最典型的有两种：

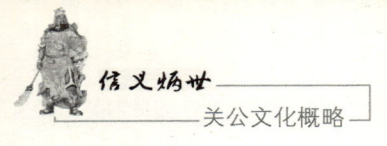

第一种为"指关为姓"说。

（一）清人梁章矩《归田琐记》转引的《关西故事》说：

> 关公本不姓关，少时力最猛，不可检束，父母怒而闭之后园空室。一夕，启窗越出，闻墙东有女子啼哭甚悲，有老人相向而哭，怪而排墙询之，老者诉云："我女已受聘，而本县舅爷闻女有色，欲娶为妾。我诉之尹，反受叱骂，以此相泣"。公闻大怒，仗剑直往县署，杀尹并其舅而逃，至潼关，闻关图形，捕之甚急，伏于水旁，抽水洗面，自照其形，颜色变苍赤，不复认识。挺身至关，关主询问，随口指关为姓，后遂不易。

（二）关公本姓冯，解州冯家村人，逃亡中指"关"为姓。据清代的戏曲选本《清音小集》记载：

> （关羽）姓冯，名贤，字寿长，家住常平里下冯村，铁匠家庭出生，力大过人，爱好武艺……见义勇为，杀了县官及其母舅后，便逃到潼关。在官兵的盘问下，他随口指"关"为姓，便混过关去。此后，他便改名为关羽……

（三）关公本姓常，是解州常平村常家铁匠在蒲州普救寺的山门洞捡来的。长大以后取名长生，随父打铁，后逃亡至涿郡城门，指"关"为姓。

（四）关公本姓崔，是由卖豆腐的崔老汉收养的。官府打死崔老汉，关公用柴刀杀死官府八十三口，逃亡至涿郡城门，指"关"为姓。

（五）关公本姓夏，是由本村乡医从解州路边捡来的，长大后做豆腐、学铁匠、练武艺，逃亡中指"关"为姓。

这几则故事顺应人们相信关公逃亡中"指关易姓"的心理。

但在这里，应该肯定地讲，关公就姓关，正史有明载。首先，《三国志·蜀书·关羽传》中根本没有提到关公"易姓"之事。在三国、两晋时期的正史中也没有关公"易姓"的说法，就连当时的野史也没有关公"易姓"的记载。如果关公"易姓"，作为三国时期的重要人物，历史是不会失记的。假如历史失记，三国、两晋时期的野史中也应当有相关记载。其次，从常平关帝家庙（又叫常平关帝祖祠）中圣祖殿内供奉的关公始祖、先祖和清初年间从关公祖宅的古井墓砖上发现的刻记着关公祖、父两世的《关侯祖墓碑记》以及各地关公后裔保存的《关氏家谱》记载来看，关公从无"易姓"之说。再次，姓氏是中华民族传宗接代、不可更改的传统习俗，关公家传至孝，刚强坚毅，也不会有"易姓"之事。《三国演义》首篇就有"吾姓关，名羽，字长生，后改云长，河东解良人也。因本处势豪，倚势凌人，被吾杀了，逃难江湖，五六年矣。今闻此处招军破贼，特来应募"的记载。因此说，"关公易姓"之说，无异于是对常平关帝家庙等历史真迹的歪曲与否定。

第二种为关公乃"关龙逢"之后裔。

《新唐书》记载：

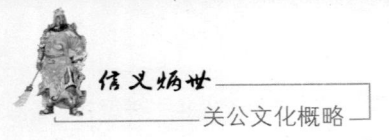

关氏出自商（按：商应为夏）大夫关龙逢之后，蜀前将军、汉寿亭侯羽，生侍中兴。其后世居信都（在河北省冀县）。裔孙播，相德宗。

另外，曾编纂《关王事迹》的元代人胡琦曾说："关氏之先，出夏大夫关龙逢也。帝居河东著姓。其世家科究见者三世"。

胡琦很可能是据《风俗通义》或《唐书》的记载，源溯关羽的始祖是关龙逢。

其实，称关羽是关龙逢之后是不准确的。

关龙逢是夏代末年夏桀手下的大臣。由于夏桀荒淫无道，残杀无辜，他多次直谏，冒犯了暴君，被夏桀杀死。在运城市安邑城东两公里的玉钩山下有关龙逢墓，墓前有明代嘉靖年间吕楠镌立的"夏大夫关龙逢之墓"碑，在运城市内还曾有过关龙逢庙。关龙逢墓、庙在其他地方也有，如在河南省灵宝县就有一座关龙逢墓，山西省黎城县也有关龙逢祠。

关龙逢并不姓关，而是复姓"关龙"。过去，曾有人对此作过考证、解释。

1934年编纂过《安邑县志》的景定成（梅九）先生就说：

按：关龙大夫（关龙本双姓，碑阴称关公，误。）坟墓，闻平陆、夏县均有踪迹，盖后人景慕前贤，每假冢以为纪念，本不为怪。

《山西通志》则说：

> 谨案：关龙即豢龙。盖董父之裔。有虞时已居河东。其后但氏关，犹左史之后为左氏，马服君之后为马氏也。

依《山西通志》的说法，关龙逄的后人，以"关"为姓，这和关羽似乎可以联系起来。但是，从关龙逄到关羽降世，历时 1700 余年，其间没有衔接的谱系人物可查，这种祖孙关系就很难肯定了。

三　家　世

有关关公先祖的记载，是在清康熙十七年（1678 年），彼时，常平村人于昌在关公旧宅浚修古井时，发现破碎的碑砖上刻记着关公祖、父两世的表字、生卒年月以及家庭状况的《关侯祖墓碑记》。解州州守王朱旦便据此撰写出了《汉前将军壮缪侯关圣帝君祖墓碑铭》。六年后，即康熙二十三年（1684 年），为核查《铭碑》，专管盐务的长官、转运使张鹏翮亲自到解州关帝庙考察后作《关帝祖茔辨》。又十年后，即康熙三十三年（1694 年），解州州守江闿研究关公先世及祖墓发现经过时，又作《汉寿亭侯父祖辨》。与同时为官的盐池巡检王闰，于康熙二十三年（1684 年），受山西参议张大本之命，修复石磐沟关帝祖茔。修复中在关帝祖茔墓所又掘得旧碑，碑上书写着"汉寿亭侯关公祖考石磐公之墓"，但无建碑年月和建碑人姓名。

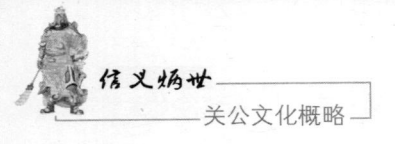

据现保存的《墓碑》载：

关公祖父关审，字问之，号石磐。生于汉和帝永元二年（90年），世居直隶校尉部河东郡解县下冯村（今解州镇常平村）。关公祖父笃学明理，曾为训蒙教师，好读《易经》、《春秋》，淡泊名利，仁德谦和。卒于汉桓帝永寿三年（157年），享年68岁，其墓地在常平村南石磐沟内，后人立碑。

关公父亲关毅，字道远。其父仁义为先，极重孝道。祖父关审卒后，关毅在墓地结庐守丧三年，除丧，汉桓帝延熹三年（160年）六月二十四日生关公。

清代雍正三年（1725年），追封关公曾祖父为"光昭公"，祖父为"裕昌公"，父亲为"成忠公"，并规定在关公祖辈牌位上"汉书爵号，不著名氏"。咸丰五年（1855年），再封关公曾祖父为"光昭王"，祖父为"裕昌王"，父亲为"成忠王"。关公曾祖父光昭公、祖父裕昌公、父亲成忠公及夫人塑像，现分别供奉于解州关帝庙崇圣祠和常平关帝家庙圣祖殿内。

关公的曾祖父、祖父、父亲均为耕读传家、纯朴善良的百姓。关公深受世祖之浸润，秉承家学渊源，通晓春秋大义，实乃家风使然。

四 妻 子

关公夫人姓胡，名玥，有的叫胡金蝉，有的称胡金定。胡玥，其父胡斌（或曰：胡启中、胡守约）是解州当地的文化名仕。

有史料记载，汉灵帝熹平六年（177年）六月初八，胡玥与关公大婚。结婚那天，胡先生送的陪嫁品让解州人无不诧异。胡先生将关公从山中取回的《兵法十三篇》重新整理与编排，以竹简与纸张各为一套，红绸包裹，又将女儿所得剑鞘擦拭一新，用红、绿两色绸布扎好，挂于抬架"食盒"前边，让人抬着送到关公新房。关公与胡玥结婚后，胡玥依汉民族大礼，居住于乡下，侍奉公婆，相夫教子，而更多的时间，则发挥自己的医药学识专长，为远近百姓看病。

然而，平静而安逸的生活，终因当地无恶不作的盐商吕熊一伙，害得关公一家流离失所！

据民间传说，汉灵帝光和二年（179年），关公杀了恶霸吕熊及党族后，为避灭门之祸，胡先生便将胡玥和关公之子藏匿在中条山下一个小村庄安居了。胡玥母子初到此地，官府曾多次搜查。但是，每当官兵来到山脚下，原本晴朗的天空，即刻乌云密布，狂风四起，飞沙走石，雷雨交加。又见山顶五龙飞腾，张牙舞爪，吓得官兵魂不附体，狼狈逃窜。屡试依旧之后，官兵就再也不敢进村搜查了。自从胡玥母子住进这个村庄后，村民们平安康泰，连虎狼野兽也未曾再进村，胡玥母子随后便平静安稳地居住于此。

胡玥手脚勤快，心地善良。从小跟父亲习学医道，搜集了不少民间验方。胡玥治疗病症很广泛，而且不管春夏秋冬，或遇上风雨雪雹天气，或半夜三更，只要有人到家请，她都不误

时分,立即随人出门医诊。且大部分药物是她自己上山或到水滩自采自挖,回来后在家中切、炒、熬、焙、煅,再制成膏、丹、丸、散,往往不收取分文。她还不断地传给乡亲们药方与药物的识别知识,并将采回的种子散种在宅院、田间、地头与坡边,由病伤者自采自用,不必求医而自治自愈,十分方便。为了母子生计,她不辞劳苦,经常上山采集药材,为百姓们治病疗伤。天长日久,深受当地百姓的爱戴,大家都亲切地称她"胡玥娘娘"。

其后,当地百姓为了纪念"胡玥娘娘",便在其原来藏匿居住过的地方盖了一座庙,名曰"胡玥娘娘庙",后来人们就只叫"娘娘庙",这个村也叫"娘娘庙村"了。很可惜,原有的娘娘庙已毁于日寇败退前,不复存在,但近年来在百姓们的不断请求下,当地便在中条山下解州一带又重建了一座规模宏大的娘娘庙。娘娘庙建筑别致,工艺考究,富丽堂皇。正殿中的胡玥娘娘塑像做工精细,形象逼真,活灵活现。娘娘庙信众游客络绎不绝,香火不断。

为了纪念胡玥娘娘,解州关帝庙内至今还保存有奉祀胡家族人的"胡公祠"。胡公祠正殿塑有胡玥娘娘其父胡斌先生像,胡公祠大门口立有胡斌先生嫡系后裔、唐代胡家族人唐振武将军、节度使、工部侍郎胡证先生的纪念碑。胡公祠为唐代胡家族人所建,清圣祖康熙六年(1667年)重建,康熙四十一年(1702年)失火被焚,康熙五十二年(1713年)再度重建,庙宇恢复旧貌。

五　后　裔

据史料记载，关羽生有二子。长子关平，也是一员骁将，成年之后，跟随关羽征战沙场，于汉献帝建安二十四年（219年）与关羽同时遇害。还有一种传说，关平是关羽收养的义子。这种说法不可信。陈寿在《三国志》里提到关平是关羽长子。次子关兴，字安国，随刘备在蜀，很受诸葛亮器重，任侍中、中监军。关兴有子名关统，官至虎贲中郎将，又有庶子关彝。

另外，传说关羽还有一个儿子名关索。这在正史里没有提及，仅见于《三国演义》，说他是诸葛亮发兵征伐蛮王孟获时的先锋。关索，是否有其人？是否就是关羽幼子？流行的观点认为，关索见于《三国演义》，系小说作家罗贯中的虚构，并非实有其人。因为：一、如果确有关索其人，而且是关羽之幼子，并且为诸葛亮南征孟获时的先锋，为什么史料中独独不记关索？如果说这也是由于陈寿的偏见所致，有点说不通。二、按说，关索既为诸葛亮南征时的先锋，可见，他在南征中是功绩显赫的，因此，理应得到蜀汉皇帝刘禅的赏封，但是汉蜀史对此并没有任何记载，既不记他的战功，也不记对他有任何赏封。三、后世官方所作的关羽三代谱系，如《山西通志》的《关帝世谱》，也仅仅有关平、关兴，而不提关索。只有关氏后裔所修纂的《关氏家谱》中序列了关索。这种序列，我们认为极可能是受《三国演义》影响。

据说，在关羽水淹七军时被关羽杀死的魏将庞德的儿子庞

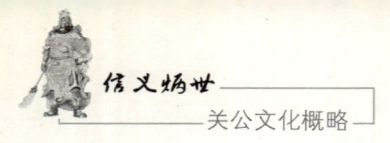

会,后来随邓艾、钟会进军灭蜀以后,为报父仇,将关氏在蜀家族杀尽灭绝。所以,后人说,从关羽开始,关氏仅三代。但是北魏关朗、唐代关播都是关羽之后裔。这两个人都被一些关氏后裔修撰的《关氏家谱》录入,甚至有人(如《关帝志》编撰者)说关朗是关彝之子。运城市西古村的《关氏家谱》亦列关朗是关彝之子,为40代。我们认为,这种说法是不可能的。因为,关彝在蜀汉末亡时是在263年前后,而关朗是北魏孝文帝(471—499年)时人,两人相距两百余年,怎么可能是父子关系?

关氏家族没有灭绝,这应是事实。因为即使庞会将在蜀的关氏族人杀绝,在关羽原籍还会有关氏存在。山西省运城市西古村关氏后裔繁衍至今,就足以证明。

对于关氏后裔撰修的《关氏家谱》中关羽的父族名讳、子孙如关索者,清以前官修的志书都持谨慎态度,没有正式引用。但是,对关氏较远的后人却又逐渐承认,并不授予世职。清雍正四年(1726年)授予解州关羽后裔52代孙关居斌为世袭翰林院五经博士。雍正六年(1729年)53代孙关世(一为运)隆袭。乾隆二十二年(1757年)54代孙关钟袭。乾隆五十三年(1788年)55代孙关国选袭。嘉庆十六年(1811年)56代孙关兆庆袭。道光二十年(1840年)57代孙关恩绍袭。同治十二年(1873年)58代孙关绳武袭。此外,在洛阳和荆州也授予关羽后人翰林院五经博士世职。

六 生 卒

关于关羽的出生年月,正史中毫无记载。现在所流传的有关关羽的生年诞辰也多是来自志书、碑文中的记载。明代李永常《洪熙修庙记》中说:关公生于六月二十二日,明代张法礼在《关圣祖茔祀田碑记》中亦载:

解民每岁四月八日为关圣受封之期,六月二十二为之诞辰,九月十三日为忌日。

清代王朱旦在《碑铭》中载:关公生于桓帝延熹三年六月二十四日,《关帝圣迹图志全集》"谱系年表"中也说桓帝延熹三年庚子六月二十四日有乌龙绕室,生圣人于常平村。

《关帝志》"礼典"称:

明嘉靖年间,定京师礼典,每岁五月十三日,遇关帝生辰。

通过以上记载,关公生辰有:五月十三日、六月二十二日、六月二十四日之说。现在海外和大陆沿海一带以五月十三日为关公生辰,届时举行大规模的祭祀活动。而关公故里把六月二十四日作为关公的生辰,已相沿成俗。

关于关公的忌年,《三国志·吴主传》载道:

建安二十四年十二月,璋(潘璋)司马忠获羽及其子平、都督赵累等于章乡,遂定荆州。

《三国志·关羽传》中载:

权遣将逆击羽,斩羽及子平于临沮。

《关帝志》《解州全志》等书也都有关公"卒于建安二十四年(219年)冬十二月"的记载,但对关公殉难的确切日期,正史中都无任何记载。

七 官 职

关公作为刘备手下的一员大将,曾追随刘备依附过公孙瓒和曹操,也曾被曹操俘虏过,所以他生前的官职来自两个方面:一是公孙瓒和曹操上表当时的东汉朝廷所封赐的,二是刘备所授予的。

属东汉朝廷所封赐的有三次:一是关公追随刘备创业初期依附公孙瓒,公孙瓒表封他为"别部司马";二是建安三年,曹操、刘备联合擒杀吕布后,关公随刘备到许都,曹操表封他为"中郎将";三是建安五年,曹操击败刘备,关公身陷曹营,曹操表封他为"偏将军"。

《后汉书·百官一》说:将军,不常置。掌征伐背叛。其领兵皆有部曲。大将军营五部,部校尉一人,比二千石;军司马一人,比一千石,部下有曲,曲下有屯。其别营领属为别部司马，其兵多少各随时宜。

"别"与"正"相对而言，"部"是机构名称，"司马"是官名。司，掌管之意；马，战马、征战之事。"司马"就是掌管征战事，为统兵官。别部司马，其所辖军队不在公孙瓒的正规设置内，因此只能称为"别营"，根据清代黄本骥所编的《历代职官表》分析，关公所任的别部司马，最高也不过像宋代的县衙都头一样，只是县令手下的一名统兵官。

中郎将和偏将军，虽然地位较高，仅次于将军，但这只是曹操"壮羽为人"，对关公"厚加礼遇"、"以示恩宠"所表封的，并且无论是刘备依附曹操，还是身陷曹营，所待的时间都不长，因此他在官位上并没行使多少职权。

刘备先后授予关羽的职权总共有四次：

一是建安四年，刘备袭杀曹操部将徐州刺史车胄后，临时授予关羽为"徐州太守"。

二是建安十四年，刘备占领荆州南部四郡后，授予关公为"襄阳太守，荡寇将军"。

三是建安十九年，刘备西取四川，自领益州牧后，授予关公为"董督荆州事"。

四是建安二十四年，刘备为汉中王后，授予关公为"前将军，假节钺"。

《后汉书·百官一》中载：

> 将军，不常置。本注曰：掌征伐背叛。比公者四：第一大将军，次骠骑将军，次车骑将军，次卫将军，又有

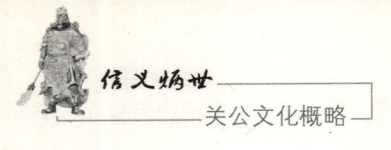

前、后、左、右将军。

刘备在拜关公为前将军的同时,还依次拜张飞为右将军,马超为左将军,黄忠为后将军。按顺序来说,前将军是刘备部下中品位最高的官职。

"假节钺",节,是符节,为古代使者所持的"凭证"。以竹为之,柄长八尺。《晋书》说:

> 钺节,唯军事得杀犯军令者。

钺,为古代兵器,《古今注》曰:

> 大将军出征,特加黄钺者,以铜为之,以黄金涂刃及柄,不得纯金也。得赐黄钺,则斩持节诸侯。王公建之。

可见,假节钺,犹如后世的"尚方宝剑"一样,表示大臣出征或处理军政事务,不必上奏,即可见机行事,有生杀予夺之权。

关公的爵位为"汉寿亭侯",系建安五年(200年),关公斩杀袁绍部下大将颜良,曹操嘉其功,上表当时的汉献帝所封。汉寿是地名,亭侯是爵位。

《关帝圣迹图志全集·爵谥》载:

> 东汉官制,有县、乡、亭侯之称,皆以寓食人之多寡。

亭侯，就是东汉封爵中以一乡之亭为侯邑者，次于乡侯一级。

八　相　貌

《三国志》成书于西晋初年，受东汉末年士大夫"清议风气"的影响，对人物外貌描写明显增加。陈寿在尊重史实的基础上，以简练、优美的语言为后人绘制了一幅幅三国人物肖像图。人物塑造得非常生动，可读性极高。这一点是《三国志》之前的史书所不具备的。比如太史公司马迁的《史记》，洋洋洒洒给我们介绍了数百人，但有外貌描写的只有十二人。中国历史上群雄逐鹿的时代并不少见，唯独三国被后世津津乐道，三国英雄的面容也更深入人心。究其原因，就是《三国志》的外貌描写给读者们留下了先入为主的第一印象。

说起关公的相貌，人们自然会想到《三国演义》和戏剧舞台上的关公，身长九尺，髯长二尺；面如重枣，唇如涂脂；丹凤眼，卧蚕眉，相貌堂堂，威风凛凛。这虽然是小说家的描写，但考察史志、碑刻资料，也不难看出其中所包含的真实成分。

《三国志》中对关羽的相貌虽没有过多的记载，《关羽传》只称其"美须髯"，《张飞传》说张飞"雄壮勇猛，亚于关羽"，这两则记载虽简略，但从中仍然可以看出关羽的英武之貌。

九　兵　器

说起关羽，人们自然会提起他的青龙偃月刀。其实，历史

上的关公并没有使用过大刀。

《三国志·关羽传》通篇没有一个刀字。本传云：关羽望见颜良麾盖，"策马刺良于万众之中"。这里不说砍或斩颜良，而用"刺"字，或许关羽使用的武器大概是矛、戟一类，并非用的是刀。

《三国志·鲁肃传》中载：

> 肃往益阳，与羽相拒，肃邀羽相见，各驻兵百步上，但请将军单刀俱会。

这里说的"单刀"，实指佩刀，古代的这种军事谈判，只准佩带短刀这种轻武器，以备自卫，而用不着扛大刀去。

既然关公没有使用过大刀，那么青龙偃月刀从何而来呢？

宋代周密《癸辛杂识续集》中有"大刀关胜"的字样，也就是说关公使用大刀的传说在宋代就有了，元代《三国志平话》里面也有关公使用大刀在沙场上冲锋陷阵的记载。到了罗贯中笔下"（刘备）便命良将打造双股剑，云长造青龙偃月刀，又名'冷艳锯'，重八十二斤"。

所以说，历史上的关羽并没有使用过大刀，所使用的大刀兵器都是后人附加上去的。

十　兴　趣

关羽作为三国时的一名武将，除了练兵、在沙场上征战外，他的业余兴趣又是什么呢？据说关公善读《春秋》，后世之人对此也颇多赞颂之词，解州关帝庙建有一座春秋楼，楼上塑有关羽读《春秋》的塑像。

《三国志·关羽传》裴注引《江表传》即说：

> 羽好《左氏传》，讽诵略皆上口。

《三国志·吕蒙传》注：

> 斯人（关羽）长而好学，读《左传》略皆上口。

通过以上两则记载可知，关羽在平时很注重研读经典，修身积学，并不是单一的一介武夫，他善读《春秋左氏传》，身上颇有一种文质彬彬的儒雅风度。

第二节　勇武善战

勇武是关羽性格最明显的特征，也是其名垂千古，显赫于世的原因之一。

《三国志·关羽传》记载：

> 羽闻马超来降，旧非故人，羽书与诸葛亮，问超人才可谁比类。亮之羽护前。复书曰："孟起（马超字）兼资文武，雄烈过人，一世之杰，黥（黥布）、彭（彭越）之徒，当与翼德并驱争先，犹未及髯之绝伦逸群也。"

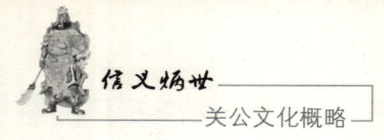

陈寿除在本传颂其勇武外，在《魏书》、《吴书》许多地方都提及关羽的勇猛。

《程昱传》云：

> 刘备有英名，关羽、张飞皆万人敌也。

《郭嘉传》云：

> 张飞、关羽万人之敌也，为之（刘备）死用。

《刘晔传》曰：

> 关羽、张飞勇冠三军而为将。

《温恢传》曰：

> 关羽骁锐。

《先主传》云：

> 诸葛亮达治知变，正而有谋，而为之相；张飞、关羽勇而有义，皆万人之敌，而为之将：此三人者，皆人杰也。

《张飞传》云：

初，飞雄壮威猛，亚于关羽，魏谋臣程昱等咸称羽、飞万人之敌也。

《周瑜传》曰：

刘备以枭雄之姿，而有关羽、张飞熊虎之将，必非久屈人下。

《吕蒙传》云：

关羽实熊虎也。

《陆逊传》云：

羽素勇猛。

以上所引，都是时人口头上对关公勇武的公认和赞誉，并且史料上还记载了一些关羽驰骋沙场、威风凛凛的勇武事迹。

一　刺斩颜良

《三国志·关羽传》记载有关羽斩颜良的事迹：

绍遣大将颜良攻东郡太守刘延于白马，曹公使张辽及羽为先锋击之。羽望见良麾盖，策马刺良于万众之中，斩其首还，绍诸将莫能当者，遂解白马围。

其中的一个"刺"字描写了斩颜良的情形，描写虽简洁直白，但关羽勇猛无畏的形象却跃然纸上。

二　威震华夏

《三国志·关羽传》云：

羽率众攻曹仁于樊。曹公遣于禁助仁。秋，大霖雨，汉水泛滥，禁所督七军皆没。禁降羽，羽又斩将军庞德。梁郏、陆浑群盗或遥受羽印号，为之支党，羽威震华夏。曹公议徙许都以避其锐。

其中的"降于禁、斩庞德"，淋漓尽致地表现了关公勇武超常，无所畏惧，"威震华夏"，就连曹操都吓得"避其锐"。

三　刮骨疗毒

《三国志·关羽传》云：

羽尝为流矢所中，贯其左臂，后创虽愈，每至阴雨，骨常疼痛，医曰："矢镞有毒，毒入于骨，当破臂作创，刮骨去毒，然后此患乃除耳"。羽便伸臂令医劈之。时羽适请诸将饮食相对，臂血流离，盈于盘器，而羽割炙饮酒，言笑自若。

这是对关公意志顽强的赞语。在当时医疗条件极其有限的条件下，关公为治病臂，刮骨去毒，其疼痛之苦可想而知。但关公面对血流盈盘，却静处不惊，饮酒割食，谈笑自若，好像此事与自己无关。这把关公平时勇敢、坚毅、英武的伟岸气概表露无遗。

蜀汉以降，人们若是谈到勇武，史书中也多以关羽做比喻。如：

刘遐……每击贼，率壮士陷坚摧锋，冀方（河北）比之张飞、关羽。（《晋书·刘遐传》）

薛彤、高进之，并道济心腹，有勇力，时人比张飞、关羽。（《宋书·檀道济传》）

杨大眼……当世推其骁果，皆以为关、张弗之过也。（《魏书·杨大眼传》）

总之，关羽勇武善战的能力在当时就得到了极大的认可，关羽万人之敌的个人能力，已成为刘备在东汉末年军阀混战中制胜的法宝和利器。

第三节　忠肝义胆

何为"忠义"？"忠"，朱熹在《论语·里仁》"忠恕"条解释里说："尽己之谓忠"，《论语·学而》里有："为人谋而

不忠乎？"可见，"忠"就是忠诚，为人做事要尽心竭力，克尽职责。

"义"，《礼记·中庸》说"义者，宜也"，韩愈在《原道》篇中说，"行而宜之之为义"，可见，"义"指的是人们的思想行为要符合一定的标准，应该做的便做，不应该做的便不做，为人处世，须问应该不应该，适宜不适宜。

可见，"忠"是态度，"义"是准则。一个人的思想行为既要符合一定的准则，又要在这个准则下尽心竭力，这就是忠义。

东汉末年，皇帝昏庸，朝政腐败，军阀割据，官逼民反，关羽身处这样的动乱时代，积极追随汉室宗亲刘备，参与当时的社会政治斗争，杀势豪、讨贼寇，为民除害，为国剿敌，匡扶汉室，矢志不渝，这表现的是一种"春秋之义"。

刘备与关羽、张飞三人"寝则同床、恩若兄弟"。关羽虽比刘备年长，却与张飞以兄事之，随刘备赴汤蹈火，不畏艰险，这之间除了兄弟之情分，朋友之义气外，更重要的来自于思想深处"尊卑有序、君臣有别"的观念。当时，刘、关、张虽无君臣之礼，但实际上，关、张已奉刘备为君了。

一　辞曹归刘

《三国志·关羽传》有载：

初，曹公壮羽为人，而察其心神无久留之意，谓张辽曰："卿试以情问之。"既而辽以问羽，羽叹曰："吾极知曹公待我厚,然吾受刘将军厚恩,誓以共死,不可背之。吾终不留,吾要当立效以报曹公乃去。"辽以羽言报曹公,曹公义之。及羽杀颜良,曹公知其必去,重加赏赐。羽尽封其所赐,拜书告知而奔先主于袁军。左右欲追之,曹公曰:"彼各为其主,勿追也。"

关公身陷曹营后,被曹操拜为"偏将军",表封为"汉寿亭侯","礼之甚厚"。但关公终不为曹操的高官厚禄所诱惑,在"立效以报"曹操后,尽封所赐,"拜书告辞,而奔先主于袁军"。最后与刘备"誓以共死,不可背之"。与刘备共患难,同生死,其心不变,其志不移。关羽在此体现的是"富贵不能淫,贫贱不能移,威武不能屈"的高贵品质,使曹操由衷地发出了赞叹:事君不忘其本,天下义士也。(《三国志·关羽传》)

二 失荆败亡

《三国志·关羽传》载:

南郡太守糜芳在江陵,将军傅士仁屯公安,素皆嫌羽自轻己;羽之出军,芳、仁供给军资,不悉相救。羽言"还当治之",芳、仁咸怀惧不安,于是权阴诱芳、仁,芳、仁使人迎权。而曹公遣徐晃救曹仁,羽不能克,引军退还。权已据江陵,尽虏羽士众妻子,羽军遂散。权遣将袭击羽,斩羽及子平于临沮。

荆州丢失之后,关羽本有退路可走,如关羽在知道公安、江陵失守后,如果不向南收复失地,而是沿汉水向西会合刘封、孟达等人退入汉中,这样至少可以保存部分实力和自己的性命。作为刘备集团中的一员大将,他知道荆州在蜀汉政权中的重要性。关羽从建安六年随刘备入荆州起,历经十九年,在这十九年里,关羽几乎投入了自己全部精力去经营荆州,因此,在丢失荆州时,关羽没有西入汉中,反而要求刘封、孟达出兵与他一起收复荆州,但遭到拒绝后,关羽便孤军南下,破釜沉舟,试图凭借自己的力量收回荆州。关羽虽最后败走麦城,死于临沮,但关羽在失去荆州后所表现出的忠于职守、忠于刘备蜀汉事业的忠义精神和品质则是值得肯定的。

总之,关羽跟随刘备大半生,赴汤蹈火,辗转千里,矢志不渝。可以说关羽的一生,生为刘备而生,死为刘备而死,为刘备事业尽忠,忠心不二;为刘备事业尽义,义无反顾。

第四节 刚愎傲慢

从史书对关羽事迹的记载来看,其优点很明显,大都集中于关羽的勇与武、忠与义。这是后人反复对他宣传、无限夸大的基点,也是他由人到神逐渐演进的基础。但陈寿在《三国志》中对他的缺点描述也较为突出,即刚愎自用、傲慢自大、目中无人、脾气暴躁,缺乏对政治形势的分析与判断。下面分析几则事迹来看一下关羽的性格弱点是怎样体现出来的。

首先看看他在刘备招降了马超时的表现。

《三国志·关羽传》记载：关羽驻守荆州时，听说刘备招降了马超，因马超"旧非故人"竟然写信给诸葛亮，问马超"人才可谁比类"。诸葛亮深知关羽性格，知道关羽害怕马超超过自己，于是给关羽复信答曰："孟起兼资文武，雄烈过人，一世之杰，鲸、彭之徒，乃与翼德并驱争先，犹未及髯之绝伦逸群也。"关羽"省书大悦，以示宾客"，如此看来，关羽的用心并不是一定要知道马超的才德如何，他只是借诸葛亮权威性的评判来炫示自己的武功和稳固他在集团中的地位。

再看看他对老将黄忠的态度：

《三国志·黄忠传》和《费诗传》说，黄忠随刘备入川，"常先登陷阵，勇毅冠三军"，后又从刘备取汉中，"于汉中定山……一战斩渊（夏侯渊），渊军大败"，刘备称汉中王之后，欲用忠为后将军，诸葛亮说先主曰："忠之名望，素非关、马之伦也，而今便令同列，马、张在近，亲见其功，尚可喻指；关遥闻之，恐必不悦，得无不可乎！"先主曰："吾自当解之。"遂与羽等齐位，赐爵关内侯。

事情果然如诸葛亮所料，当刘备派费诗前往荆州拜关羽为前将军时，"羽闻黄忠为后将军"，不由大怒曰："大丈夫终不与老兵同列！"不肯受拜，经过费诗苦心相劝，关羽才"大感悟，遂即受拜"。

关羽恃才傲物，说话易怒，办事不讲情面，使他与好多人出现不和，因此也带来了极为严重的后果。"联吴抗魏"是诸葛亮综观天下大势，为刘备集团提出的一个比较切实可行、实行统一的战略计划，但关羽独守荆州期间，却经常对盟友采取

盛气凌人的态度，致使吴蜀同盟趋于解体，荆州丢失，自己也落了个身首异处的悲惨结局。

《三国志·关羽传》记载：

> 先是，权遣使为子索羽女，羽骂辱其使，不许婚，权大怒。

《关羽传》裴注引《典略》说：

> 羽围樊，权遣使求助之，敕使莫速进，又遣主簿先致命于羽，羽忿其淹迟，又自己得于禁等，乃骂曰："貉子敢尔，如使樊城拔，吾不能灭汝邪！"权闻之，知其轻己，伪手书以谢羽，许以自往。

《三国志·陆逊传》陆逊认为：

> 羽矜其骁气，陵轹于人，始有大功，意骄志逸，但务必进，未嫌于我，有相闻病，必益无备。今出其不意，自可擒制。

由于关羽拒婚辱使，一系列过分傲慢的举动，使孙权面子上过不去，最终下达了袭取荆州的命令。

关羽恃勇狂傲，喜欢听别人对他的阿谀之言。

《三国志·陆逊传》记载：

于禁等见状,遐迩欣叹,以为将军之勋足以长世,虽昔晋文城濮之师,淮阴拔赵之略,蔑以尚兹……操,猾虏也,忿不思难,恐潜增众,以逞其心。虽云师老,犹有骁悍,且战捷之后,常苦轻敌,古人技术,军胜弥警,原将军广为方计,以全独克,仆书生疏迟,忝所不堪,喜邻威德,乐自倾尽,虽未合策,犹可怀也,傥明注仰,有以察之。

关羽看后,觉得陆逊是个年轻书生,没多大本事,傲视低估陆逊,而且观信其一片溢美之词,其态度谦恭、友好,此时关羽忘了这是在敌我战斗,将后方的一些军队撤去增援襄樊前线。

再说,关羽在镇守荆州时,刚而自矜,没有处理好与刘封、糜芳、傅士仁的关系,用人不善,对待部将的态度也是导致其痛失荆州的关键因素。

当时,南郡太守糜芳在江陵,将军傅士仁屯公安:

(糜芳、傅士仁)素皆嫌羽轻己。羽之出军,芳、仁供给军资,不悉相救。羽言"还当治之"。芳、仁咸怀惧不安,于是,权阴诱芳、仁,芳、仁使人迎权。(《关羽传》)

《吕蒙传》裴注引《吴录》所记载的与此大同小异:

初,南郡城中失火,颇焚烧军器。羽以责芳,芳内畏

惧，权闻而诱之，芳潜相和，及蒙攻之，乃以牛酒出降。

可见，糜芳、傅士仁本来就对关羽轻视自己而心存成见，关羽却未察觉，仍派他二人镇守后方重镇，这不能不说是关羽在用人上的一大失误。后来，关羽出军，芳、仁担任供给军资之职，却不相救，对此，关羽没有设法笼络他们，让他们积极配合前线，反而严加斥责，并威胁、恐吓他们，以致二人产生消极对立情绪，这不能不说是关羽在用人上的又一大失误。

之后，《三国志》作者陈寿在对关公的评价中也说出了他的缺点，所云：

（关）羽报效曹公，（张）飞义释严颜，并有国士之风，然羽刚而自矜，飞暴而无恩，以短取败，理数之常也。

第五节　易怒好色

关羽作为一名武将，有一种天生的暴躁脾气，说话痛快耿直，易怒好骂。从这几则事迹中可以看出他的性格：

一是怒对孙权为子求婚之事，"羽骂辱其使，不许婚"，这怒中带有侮辱性的语气，形象地描绘出当时关羽的怒气冲天，不可遏止；二是怒说刘备狩猎时不杀曹操之事，"羽怒曰：'往日猎中，若从羽言，可无今日之困'"，这话说的非常明白，在对刘备表示不满的同时，还带有些许的责备。三是怒不与黄忠为伍,"羽怒曰:'大丈夫终不与老兵同列'",关羽说话只为一己之快,全然不计后果,他把自己看作大丈夫时,难道黄忠就不是男子汉吗?简短的几则言语中,出现最多的字"怒"字,把真实的关羽的形象暴露无遗。

关羽给世人的印象是浩然正气,堂堂正正,甚至清心寡欲,乃神乃圣,然而关羽也是人,他也有七情六欲,并非没有一点物欲和情思。

《三国志·关羽传》裴注转引的《蜀记》中,就记载有关羽与曹操之间的一段风流韵事:

> 曹公与刘备围吕布于下邳,布使秦宜禄行求救,乞娶其妻,公许之。临破,又屡启于公,公疑其有异色,先遣迎看,因自留之,羽心不自安。

同样的内容还见于《献帝传》和《华阳图志》:

> (秦宜禄)为吕布使诣袁术,术妻以汉室宗女。其前妻杜氏刘下邳,布之被围,关羽屡请于太祖,求以杜氏为妻,太祖疑其有色,及城陷,太祖见之,乃自纳之。(《三国志·魏书·明帝纪》裴注)

通过以上两条史料,曹操与刘备把吕布围在下邳,吕布派遣秦宜禄为使者向曹操求和,可能秦宜禄的前妻杜夫人极其美丽,关羽慕其艳名,欲娶为妻,曹操答应了,但等到下邳城攻

破后,关羽多次向曹操说起此事,可曹操见到杜氏这个美人胚子后,就纳为己有,为此关羽心里很是郁闷。

总之,历史上的关羽,以勇武最为后人称道,以忠义最为后人推崇,史书不仅记载他是名臣虎将,也记载了他欲纳秦妻之事。其实,这最能说明关羽是一个真实的人物,对敌是勇猛善战,对刘备是忠心耿耿,对美女是乞求渴望,对同僚是骄矜傲慢。这就是历史上真实的关羽,既有突出的优点,也有明显的缺点。显而易见,陈寿作为一个史学家,遵照"言直事核"的记史标准和"爱而知其丑"的写人原则,真实地记载了关羽勇武、忠义、傲慢、暴躁、好色的多面性。

第二章 文学作品中的关公形象

在陈寿《三国志》中,虽然有关羽本传和其他传对关羽的记载,但对他的记载都是很粗略的,这使后世对十分崇拜关羽的文人颇为不满。于是历代文人通过各种文学作品不断创造、加工、丰富、补充关公形象,以至古往今来许多人都是通过文学艺术作品而不是通过历史文献走近和认识关羽的。

第一节 话本、小说中的丰满形象

唐宋时,随着经济的发展、工商业的繁荣,为适应城市市民文化娱乐的需要,说话艺术开始在市井中盛行,随之产生了说三国故事的话本《三分事略》与《三国志平话》。这两个话本既是供说话人讲说三国故事的底本,又是供人阅读的通俗读物。在内容上融历史事实与民间传说为一体,构筑了三国故事的基本情节。就关羽来说,他所经历的一些重要事件,诸如桃园三结义、征战黄巾军、陷身曹营、千里走单骑、五关斩将、水淹七军等事件,在话本中均有所交代。可以说,关羽这个人物在民间说唱文学中已具备一定的性格特征。

《三国演义》成书于元末明初。它取材于正史《三国志》《后汉书》《汉晋春秋》,又吸收了民间口头流传的三国故事和三

国话本《三分事略》和《三国志平话》等素材，经综合熔裁，再创造而成书。《三国演义》中描写的人物非常繁多，而且有一些性格鲜明、影响深远的艺术形象，如刘备、曹操、孙权、诸葛亮、周瑜、张飞、赵云等等，而其中关羽的形象尤为突出。被清代文学批评家金圣叹称为"三绝"（关羽是义绝、曹操是奸绝、诸葛亮是智绝）之一。他说：

> 历稽载籍，名将如云，而绝伦超群者，莫如云长。青石对青灯，则极其儒雅；赤心如赤面，则极其英灵。秉烛达旦，人传其大节；单刀赴会，世服其神威。独行千里，报主之志坚；义释华容，酬恩之义重。作事如青天白日，待人如霁月风光。心则赵朴焚香之心，而磊落过之；意则阮籍傲物白眼之意，而严正过之。是古今名将中第一奇人。

金圣叹这段评论贯穿着封建道德伦理观念，应该批判地对待。但是，就小说中关羽形象的塑造来说，他概括地道出了这个历史人物复杂性格的成功方面。

鲁迅在评《三国演义》时也说，至于写人，亦颇有失，以致欲显刘备之长厚而似伪，状诸葛之多智而近妖；惟于关羽，特多好语，义勇之概，时时如见矣！的确如此，关羽是《三国演义》里被着力描写，也是描绘最为成功的人物。罗贯中为着力宣扬关羽"忠义勇武"的品质，为讴歌关羽"义贯千古"的精神内涵，为突出表现关羽"万人之敌"、"超群绝伦"的英雄气概,在以历史为"蓝本"的前提下,运用夸张渲染、移花接木、大胆虚构、铺垫对比和精心刻画等多种艺术表现手法,通过大量的笔墨、不同的场面描绘了关羽的神勇行为,把关羽描绘成为忠义和勇武的化身。

一　夸张渲染

(一) 刺斩颜良

《三国志·关羽传》中记载斩颜良事迹时,仅用"策马刺良于万众之中,斩其首还"一句话记载了此事件,一个"刺"字描写了斩颜良的情形,描写简洁直白。而在《三国演义》中此段事迹便有了如下的铺陈:

> 关公领诺而出,提青龙刀,上赤兔马,引从者数人,直至白马来见曹操。操叙说:"颜良连诛二将,勇不可当,特请云长商议。"关公曰:"容某观之。"操置酒相待。忽报颜良搦战。操引关公上土山观看。操与关公坐,诸将环立。曹操指山下颜良排的阵势,旗帜鲜明,枪刀森布,严整有威,乃谓关公曰:"河北人马,如此雄壮!"关公曰:"以吾观之,如土鸡瓦犬耳!"操又指曰:"麾盖之下,绣袍金甲,持刀立马者,乃颜良也。"关公举目一望,谓操曰:"吾观颜良,如插标卖首耳!"操曰:"未可轻视。"关公起身曰:"某虽不才,愿去万军中取其首级,来献丞相。"张辽曰:"军中无戏言,云长不可忽也。"关公奋然上马,倒提青龙刀,跑下山来,凤目圆睁,

蚕眉直竖,直冲彼阵。河北军如波开浪裂,关公径奔颜良。颜良正在麾盖下,见关公冲来,方欲问时,关公赤兔马快,早已跑到面前;颜良措手不及,被云长手起一刀,刺于马下。忽地下马,割了颜良首级,拴于马项之下,飞身上马,提刀出阵,如入无人之境。河北兵将大惊,不战自乱。曹军乘势攻击,死者不可胜数;马匹器械,抢夺极多。关公纵马上山,众将尽皆称贺。公献首级于操前。

这一段用夸张渲染的手法把关羽描写的像战神一样,连用"起、刺、割、拴、飞、提"几个动词来形容关羽斩颜良之快,不仅写出了关羽的神勇,更渲染出关羽那种无人可比拟的大将气势。

(二) 桃园结义

《三国志·关羽传》记载:"先主与二人寝则同床,恩若兄弟,而稠人广坐,侍立终日,随先主周旋,不避艰险。"

历史上刘、关、张的关系确非一般,既是君臣,又是兄弟。尤其是这种兄弟关系,体现了人与人之间的"义气",因此深得民间群众所推崇。《三国志平话》上就有"桃园结义"的故事,并有盟誓情节,曰:"不求同日生,只愿同日死,三人同行同坐同眠,誓为兄弟,救黎民于涂炭之中,解天子于倒悬之急。"后随着三国故事在民间的广泛流传,不断地被民众根据自己的理解增饰渲染,到《三国演义》里三人的誓言增加到70个字:"念刘备、关羽、张飞虽然异性,结为兄弟,同心协力,救困扶危;上报国家,下安黎庶;不求同年同月同日生,只愿同年同月同日死。皇天后土,实鉴此心,背义忘恩,天人共戮。"

"宴桃园豪杰三结义",罗贯中从开篇第一回就把刘备、关羽、张飞推到读者面前,强调他们三人的结合是一种"义聚",后来随着故事的发展,三人都恪守着初始的誓言,而关羽表现得最为突出。作者从第 25 回开始,直到第 28 回,用很长的篇幅极力美化,塑造了关羽"忠义"的形象。

(三) 水淹七军

史书上说,于禁与庞德所率七军被淹,本是天灾,而《三国演义》则说,关公仔细考察樊城以北的地形,发现襄江和白河的水势甚急,又见于禁和庞德的军队均屯于山谷之内,于是派人堵住各处水口,然后趁一个风雨交加的夜晚,放水淹没了敌军。

原文这样写道:

> 美髯公关羽进攻樊城,曹操命大将于禁为南征将军,庞德为先锋,统帅七路大军,星夜去救樊城。关羽得信,亲自披挂前去迎敌。关羽、庞德大战百余回合,不分胜负。第二日交战,二将齐出,并不答话,拍马交锋五十回合,庞德拨马逃走,关羽紧追不舍。庞德取箭,关羽躲闪不及中箭,回营养伤。十日后,箭伤愈合。又听关平说曹兵移到城北驻扎。关羽不知何意,骑马登高观望,看到北山谷内人马很多,又见襄江水势汹猛,水淹七军之计,油然而生。遂急命部下准备船筏,收拾雨具,又派人堵住各

处水口。庞德与众将商议,山谷不易久留,准备明日将军士移入高地。就在这天夜里,风雨大作,庞德在帐中,只听万马奔腾,喊声震天。出帐一看,大水从四面急剧涌来。七军兵士随波逐浪,淹死很多。于禁、庞德率将士登上小土山躲避,关羽带大军冲杀而来,于禁见四下无路,投降关羽。庞德和身无盔甲的残兵败将,被关羽的兵马团团围住,战不多时,众将全都投降。只有庞德夺一小船,想顺流西去,却被周仓的大筏撞到水中,后被生擒。

罗贯中在这里依据历史事实作了最大限度的艺术夸张与渲染,将天灾变成计谋,将降于禁、斩庞德的巨大胜利归功于关公的"计谋",以此来显示关公作为一员大将的智勇双全。

(四)败走麦城

史书上说,关公包围樊城和襄阳时候,曾传言给驻守上庸的刘封和孟达,请他们发兵相助。刘、孟以"山郡未附,未可动摇"的理由拒绝了关公。而《三国演义》却说,关公包围樊城和襄阳时,并没有要求刘、孟发兵,直到后来困守麦城时,才派廖化冲出重围,向刘、孟求救,而刘、孟只顾保存自己的实力,故意托病不出,致使关公丧生。这样罗贯中把关公被害的责任竭力转嫁到刘、孟身上,引起读者对他的惋惜与同情。

再如,关公是在麦城突围入西川的路上被吴兵俘获而遇害的。而《三国演义》却说,关公自麦城突围后,连续与朱然、潘璋交战,不料冲出重围,又遇马忠挡道。在此关键时刻,关公忽闻空中有人喊道:"'云长久住下方也,兹玉帝有诏,勿与凡夫较胜负矣。'关公闻言顿悟,遂不恋战,弃却刀马,父子归神。"在此,作者用夸张神化的写法,把关公当作"神"来写的,关公并没有被擒被杀,而是听从玉帝旨意,自觉自愿地上天了。这显然是作者对关公不幸遇难的一种深感遗憾的写法。

二 移花接木

据《三国志·孙坚传》记载:"坚复相收兵,合战于阳人,大破卓军,枭其都督华雄等。"可见,斩华雄系孙权所为。《武帝纪》载:"先主据下邳,灵等还,先主乃杀徐州刺史车胄,留关羽守下邳,而生还小沛。"可知,车胄是刘备所袭杀的,《武帝纪》中说"绍骑将文丑与刘备将五六千骑前后至……遂纵兵击大破之,斩丑。"从这段话可知诛文丑乃是曹操亲自指挥骑兵杀死的。总之,这些事情关羽都没有直接参与,但罗贯中为了更加凸显关羽的英雄形象,就张冠李戴,把属于别人的功绩一并集中在关羽身上。

(一) 温酒斩华雄

下面请看罗贯中笔下的关公是如何温酒斩华雄的:

忽探子来报:"华雄引铁骑下关,用长竿挑着孙太守赤帻,来寨前大骂搦战。"绍曰:"谁敢去战?"袁术背后转出骁将俞涉曰:"小将愿往。"绍喜,便着俞涉出马。即时报来:"俞涉与华雄战不三合,被华雄斩了。"众大惊。太守韩馥曰:"吾有上将潘凤,可斩华雄。"绍急令

出战。潘凤手提大斧上马。去不多时,飞马来报:"潘凤又被华雄斩了。"众皆失色。绍曰:"可惜吾上将颜良、文丑未至!得一人在此,何惧华雄!"言未毕,阶下一人大呼出曰:"小将愿往斩华雄头,献于帐下!"众视之,见其人身长九尺,髯长二尺,丹凤眼,卧蚕眉,面如重枣,声如洪钟,立于帐前。绍问何人。公孙瓒曰:"此刘玄德之弟关羽也。"绍问现居何职,瓒曰:"跟随刘玄德充马弓手。"帐上袁术大喝曰:"汝欺吾众诸侯无大将耶?量一弓手,安敢乱言!与我打出!"曹操急止之曰:"公路息怒。此人既出大言,必有勇略;试教出马,如其不胜,责之未迟。"袁绍曰:"使一弓手出战,必被华雄所笑。"操曰:"此人仪表不俗,华雄安知他是弓手?"关公曰:"如不胜,请斩某头。"操教酾热酒一杯,与关公饮了上马。关公曰:"酒且斟下,某去便来。"出帐提刀,飞身上马。众诸侯听得关外鼓声大振,喊声大举,如天摧地塌,岳撼山崩,众皆失惊。正欲探听,鸾铃响处,马到中军,云长提华雄之头,掷于地上。其酒尚温。

当时,董卓手下大将华雄率兵来与诸侯兵马交战,华雄一连斩杀鲍忠、孙坚、祖茂、潘凤四员大将后,"令诸侯皆失色"。通过这些铺垫描写,写出了华雄的耀武扬威、不可一世,然而罗贯中笔锋一转,着力描写了关公在这种严峻的情形下,单枪匹马斩华雄于马下,而后通过"杯酒尚温"的细节描写,借用众诸侯的表情变化,写出关公的"神"与"威",建立了

"威震乾坤第一功"。

(二) 延津诛文丑

作者在《云长延津诛文丑》这一回中,写道:

> 文丑军既得粮草车仗,又来抢马,军士不依队伍,自相杂乱。曹操却令军将一齐下土山击之,文丑军大乱。曹兵围裹将来,文丑挺身独战。军士自相践踏,文丑止遏不住,只得拨回马走。操在土阜上指曰:"文丑为河北名将,谁可擒之?"张辽、徐晃飞马齐出,大叫:"文丑休走!"文丑回头见二将赶上,遂按住铁枪,拈弓搭箭,正射张辽。徐晃大叫:"贼将休放箭!"张辽低头急躲,一箭射中头盔,将簪缨射去。辽奋力再赶,坐下战马又被文丑一箭射中面颊,那马跪倒前蹄,张辽落地。文丑回马复来,徐晃急抡大斧截住厮杀。只见文丑后面军马齐到,晃料敌不过,拨马而回,文丑沿河赶来。忽见十余骑马,旗号翩翻,一将当头提刀飞马而来,乃关云长也。大喝:"贼将休走!"与文丑交马。战不三合,文丑心怯,拨马绕河而走。关公马快,赶上文丑,脑后一刀,将文丑斩下马来。曹操在土阜上,见关公砍了文丑,大驱人马掩杀。河北军大半落水,粮草、马匹,仍被曹操夺回。

张辽、徐晃二将在延津大战文丑,文丑一箭射中张辽头盔,又一箭射中张辽坐骑,张辽翻身落马;徐晃急抡大斧,截住文丑厮杀。二将大战三十余回合,徐晃拨马而回。正当文丑

沿河追赶徐晃时,关公忽然带领十余骑军马出现在面前,并只用两个回合便打败了文丑。

(三) 袭杀车胄

小说第二十一回写道:

且说朱灵、路昭回许都见曹操,说玄德留下军马。操怒,欲斩二人。荀彧曰:"权归刘备,二人亦无奈何。"操乃赦之。彧又曰:"可写书与车胄就内图之。"操从其计,暗使人来见车胄,传曹操钧旨。胄随即请陈登商议此事。登曰:"此事极易。今刘备出城招民,不日将还;将军可命军士伏于瓮城边,只作接他,待马到来,一刀斩之;某在城上射住后军,大事济矣。"胄从之。陈登回见父陈珪,备言其事。珪命登先往报知玄德。登领父命,飞马去报,正迎着关、张,报说如此如此。原来关、张先回,玄德在后。张飞听得,便要去厮杀。云长曰:"他伏瓮城边待我,去必有失。我有一计可杀车胄:乘夜扮作曹军到徐州,引车胄出迎,袭而杀之。"飞然其言。那部下军原有曹操旗号,衣甲都同。当夜三更,到城边叫门,城上问是谁,众应是曹丞相差来张文远的人马。报知车胄,胄急请陈登议曰:"若不迎接,诚恐有疑;若出迎之,又恐有诈。"胄乃上城回言:"黑夜难以分辨,天明了相见。"城下答应:"只恐刘备知道,疾快开门!"车胄犹豫未定,城外一片声叫开门。车胄只得披挂上马,引一千军出城,跑过吊桥,大叫:"文远何在?"火光中只见云长提刀纵马直迎车胄，大叫曰："匹夫安敢怀诈，欲杀吾兄！"车胄大惊，战未数合，遮拦不住，拨马便回。到吊桥边，城上陈登乱箭射下，车胄绕城而走。云长赶来，手起一刀，砍于马下，割下首级提回，望城上呼曰："反贼车胄，吾已杀之；众等无罪，投降免死！"诸军倒戈投降，军民皆安。

本段车胄奉曹操旨意等刘备出城招民时杀之。当陈登把此事告诉了刘备时，恰好被关羽和张飞遇见，关羽于是设计斩杀车胄，假扮成张辽的部队，引诱车胄出城，"手起一刀，砍于刀下"。

这三则事例作者巧妙地把孙坚、刘备、曹操的功业转移到关羽身上，这不仅表现了关羽的勇武，还体现了关羽在复杂的环境下，能够审时度势地处理问题，充分显露出关羽的英明与智慧。

三　极力虚构

虚构是文学作品中常用的创作手法，有助于丰满人物形象的塑造，有助于人物性格特征的刻画，有助于给读者留下想象的空间。罗贯中在塑造关羽形象时，采用虚构的手法，传奇性的故事情节，十分突出地表现人物性格，给读者留下了深刻的印象。

（一）救释张辽

《三国志·张辽传》记载了张辽主动归降曹操一事，"太祖

（曹操）破吕布于下邳，辽将其众降，拜中郎将，赐爵关内侯。"而《三国演义》作者为了表现关公的重"义"的品质，在《白门曹操斩吕布》一回里，根据张辽投降曹操这一历史事实，虚构了关公与刘备救释张辽的故事：

  话说曹操举剑欲杀张辽，玄德攀住臂膊，云长跪于面前。玄德曰："此等赤心之人，正当留用。"云长曰："关某素知文远忠义之士，愿以性命保之。"操掷剑笑曰："我亦知文远忠义，故戏之耳。"乃亲释其缚，解衣衣之，延之上坐。辽感其意，遂降。操拜辽为中郎将，赐爵关内侯，使招安臧。霸闻吕布已死，张辽已降，遂亦引本部军缺陷。操厚赏之。

吕布在下邳兵败后，吕布及其主要部将高顺、陈宫、张辽皆被曹操与刘备所擒。曹操与刘、关、张等人在白门楼上处置战俘。曹操首先处置了临死不屈的高顺、陈宫，接着又在刘备的劝谏下，缢死了反复无常的吕布，面对血淋淋的刑场，张辽大义凛然，毫无惧色，并大骂曹操为"国贼"，当众羞辱曹操，气得曹操拔剑在手，亲自来杀张辽。英雄惜英雄，张辽的言行感动了刘备与关羽，正当曹操在落剑的紧要关头，刘备突然握住了曹操的臂膊，关公也猛地跪在曹操面前，并以自家性命担保为张辽说情。

关公一生铁骨铮铮，骄傲自负，但为了使忠义之士免遭杀害，居然向曹操下跪求情，堪称是世间少有的"义举"。

（二）五关斩将

千里独行与五关斩将在《三国志》里根本就没有提到，绝非史实。《三国演义》里关羽降曹操后，曹操为了收服他，费尽心机，金钱美女，高官厚禄都无法打动关公，而当关公知道刘备在河北袁绍处后，毅然挂印封金，过五关斩六将，直奔刘备而去，这的确表现了关公忠义的高贵品质，财色不能动其心，官爵不能变其志，不管在什么情形下，都改变不了当初在桃园的盟誓。《三国演义》写道：

行至滑州界首，有人报与刘延。延引数十骑，出郭而迎。关公马上欠身而言曰："太守别来无恙！"延曰："公今欲何往？"公曰："辞了丞相，去寻家兄。"延曰："玄德在袁绍处，绍乃丞相仇人，如何容公去？"公曰："昔日曾言定来。"延曰："今黄河渡口关隘，夏侯惇部将秦琪据守，恐不容将军过渡。"公曰："太守应付船只，若何？"延曰："船只虽有，不敢应付。"公曰："我前者诛颜良、文丑，亦曾与足下解厄。今日求一渡船而不与，何也？"延曰："只恐夏侯惇知之，必然罪我。"关公知刘延无用之人，遂自催车仗前进。到黄河渡口，秦琪引军出问："来者何人？"关公曰："汉寿亭侯关某也。"琪曰："今欲何往？"关公曰："欲投河北去寻兄长刘玄德，敬来借渡。"琪曰："丞相公文何在？"公曰："吾不受丞相节制，在甚公文！"琪曰："吾奉夏侯将军将令，守把关隘，你便插翅，也飞不过去！"关公大怒曰："你知我于路斩

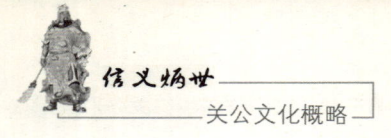

戮拦截者乎?"琪曰:"你只杀得无名下将,敢杀我么?"关公怒曰:"汝比颜良、文丑若何?"秦琪大怒,纵马提刀,直取关公。二马相交,只一合,关公刀起,秦琪头落。关公曰:"当吾者已死,余人不必惊走。速备船只,送我渡河。"军士急撑舟傍岸。关公请二嫂上船渡河。渡过黄河,便是袁绍地方。关公所历关隘五处,斩将六员。

关公"千里独行"、"五关斩将"依仗的是神勇,恪守的是忠义。此情节是《三国演义》里虚构最为成功的情节之一,将关羽塑造成一位神勇无比、矢志不移的忠义完人。

(三)义释曹操

华容道"义释曹操",《三国志》关羽本传没有记载。裴松之注《武帝纪》引《山阳公载记》说:

> 公(曹操)船舰为备所烧,引军从华容道步归,遇泥泞,道不通,天又大风,悉引羸兵负草填之,骑乃得过。羸兵为人马所蹈藉,陷泥中,死者甚众。军既得出,公大喜,诸将问之,公曰:"刘备,吾俦也。但得计少晚;向使早放火,吾徒无类矣。"备寻亦放火而无所及。

可见曹操在赤壁失败之后,经华容道撤回途中,并未遇到关公或任何人的阻拦。刘备当时也确曾追击过曹操,只可惜"得计少晚"而"无所及"。

第二章 文学作品中的关公形象

宋、元史家们大概容忍不了曹操大败之后的"大喜",遂在《平话》里安排关公受诸葛亮之命,提前在华容道埋伏下来。当曹操军败经过时,伏兵四起,打得曹操狼狈不堪。幸乘大雾遮掩,仓皇逃窜:

> 曹公寻滑荣路(华容道)去,行无二十里,见五百校刀手,关将拦住。曹相用美言告云长:"看操与寿亭侯有恩。"关公曰:"军师有令。"曹公撞阵。却说话间,面生尘雾,使曹公得脱。关公赶数里,复回,东行无五十里,见玄德、军师,是(说):"走了曹贼,非关公之过也。"言使人着玄德,众问:"为何?"武侯曰:"关将仁德之人,往日蒙曹相恩,其此而脱矣。"关公闻言,忿然上马,告主公,复追之。玄德曰:"吾弟性匪石,宁奈不倦。"军师曰:"诸葛亮亦去,万无一失。"

在这里,"曹公撞阵",是因为关公不放他过去;曹操"得脱",又是借大雾硬冲的结果。因此,当诸葛亮怀疑关公私念旧日之恩而放掉曹操时,关公非常生气,"忿然上马",再去追赶曹操。

元人杂剧《黄鹤楼》所写华容道的情节,与《平话》大致相同,如关公对于曹操"得脱"是这样说的:

> 某关云长奉军师将令,着某在华容道等曹操,不想乱阵间走了曹操也。(诸葛亮也十分豁达通情:"既是他走

了,也不必追赶。")

罗贯中创作《三国演义》时,沿用了《平话》和杂剧中关公在华容道拦截曹操的合理情节,但把曹操"撞阵"而脱,改成了关公"义释曹操"。这样,一方面突出了关公的"重义"品质,另一方面又为《平话》中没能完成任务的关公找到一个堂堂正正的辩白理由。

罗贯中首先在卷十《周公瑾赤壁鏖兵》一回中写道:诸葛亮调兵遣将,先后给赵云、张飞、糜竺、糜芳、刘封等人安排了重要任务,就是不理身旁的关公。关公忍耐不住,主动请缨。诸葛亮有心让关公去华容道拦截曹操,又怕关公因旧日之恩放了曹操。关公不服,与诸葛亮立了军令状:倘若放过了曹操,"愿依军法"。刘备也因关公"义气深重","只恐端的放了"。诸葛亮说这是他有意安排的"美事":"亮夜观乾象,曹操未合身亡。留这恩念,故意等云长做个人情"。可见,这是作者在正式描写关公"义释曹操"前,精心安排的一段序幕。

接着,作者用整整一回书的篇幅着力渲染了关公释曹、义重如山的情景:

> 一声炮响,五百校刀手摆列,当中关云长提青龙刀,跨赤兔马,截住去路。操军见了,亡魂丧胆,面面相觑,皆不能言。操在人丛中曰:"既到此处,只得决一死战!"程昱曰:"某知云长傲上而不忍下,欺强而不凌弱;人有患难,必须救之,仁义播于天下。况丞相旧日有恩在彼

处,何不亲自告之,必脱此难矣。"操从其说,即时纵马向前,欠身与云长曰:"将军别来无恙?"关公亦欠身答曰:"关某奉军师将令,等候丞相多时。"操曰:"曹操兵败势危,到此无路,望将军以昔日之言为重。"云长答曰:"昔日关某虽蒙丞相厚恩,某曾解白马之危以报之。今日奉命,岂敢为私乎?"操曰:"五关斩将之时,还能记否?古之人,大丈夫处事必以信义为重。将军深明《春秋》,岂不知庾公之斯追子濯孺子者乎?"云长闻之,低首良久不语。……又见曹军惶惶,皆欲垂泪。云长思起五关斩将放他之恩,如何不动心?于是把马头勒回,与众军曰:"四散摆开。"……(曹操)便乘空和众将一齐冲将过去。云长回身时,前面众将已自护送操过去了。云长大喝一声,众皆下马,拜哭一地。云长不忍杀之。正犹豫中,张辽纵马至。云长见了,亦动故旧之心,长叹一声,并皆放之。

这样,作者通过一连串的"面面相觑"、"皆欲垂泪"、"拜哭一地",以及关公一系列的"低首良久不语"、"如何不动心"、"不忍杀之"、"又动故旧之情"等细小动作和心理变化,把关公复杂的心理世界和恻隐之心描绘得活灵活现,表现得淋漓尽致。即使这样,作者还唯恐情节本身不够清楚,又特意借所谓"史官"之口加以说明:

彻胆长存义,终身思报恩。威风齐日月,名誉震

乾坤。

忠勇高三国，神谋陷七屯。至今千古下，军旅拜英魂。

曹公兵败走华容，正与云长狭路逢。

盖为当初恩义重，故开金锁放蛟龙。

如果从刘备的事业着眼，或依照一些人的看法，关公在华容道义释曹操的行为，无论如何都不值得称赞，也是不能称赞的。但在我国古代封建社会里，"义"作为道德观念的重要内容之一，就是"有恩必报"、"恩怨分明"。这正如清人毛总岗所说：

怀惠者小人之情，报德者烈士之志。虽其人之大奸大恶，得罪朝廷，得罪天下，而彼能不害我而以国土遇我，是即我之知己也，我杀我之知己，此在无义气丈夫则然，岂血性男子所肯为乎？使关公当日以公义灭私恩，曰："吾为朝廷斩贼，吾为天下除凶"。其谁曰不宜？而公之心，以为他人杀之则义，独我杀之则不义，故宁死而有所不忍耳。（毛本《演义》回评）

尽管曹操是个大奸、大恶之人，但他当年对关公有恩并极度尊重关公，使关公保全了自己的节操，因此，关公宁肯接受军法处置，也不愿擒住曹操建立功勋，这就是罗贯中从古代"重义"的道德观念出发，所赋予的必然结局。不然，罗贯中是绝对不会把"华容道放曹"当作件"美事",让诸葛亮自己说出来,又让刘备听后大喜,而最后再让关公去做,去戴这一顶美冠了。对此,罗贯中把关公的"义绝"形象描绘到极致。

总之,话本和小说的作者通过继承前人成果,采用恰当的艺术手法,将关公形象从《三国志》的武将形象演变成儒将形象。罗贯中为塑造关公这一文学作品中的典型人物,巧妙地依据历史的真实,又不拘泥于事实,按照人物性格发展的需要,虚构了一些生动、神奇的情节,如上文所论的,使关羽形象有血有肉、丰润饱满,从而产生了影响广泛而深远的艺术效应。小说中关羽形象的魅力感染了古往今来众多的读者,使一些仅读过小说而没有涉猎过历史著作的读者都认为小说的情节是真实可信的。关公这一历史人物能够成为"独为妇孺所称"的英雄,小说《三国演义》的作用是功不可没的。

第二节　戏剧、杂剧中的完美形象

关公是深受历代各阶层喜爱和敬仰的人物,其故事激昂悲壮,其形象英勇俊武,其思想忠义无双,其道德彪炳千古,因此,随着关公故事的广为流传,关公戏也很快占据了戏剧舞台,并通过不断地铺陈演绎,逐渐形成了自己独特的风格,受到世人的注目与喜爱。

宋、元时期,在中国戏曲艺术逐渐形成之际,关公形象也开始在戏剧舞台上出现。到明、清时期,"三国戏"或"关公

戏"骤然增多,这些戏的剧情大部分取自于《三国志》、民间传说与《三国演义》。在中国戏剧发展的历史进程中,确曾出现过"三国戏"热,这无疑是由于三国故事经过口头与话本的广泛传播,为群众所喜闻乐见,从而引起戏剧界的普遍重视,将大量生动有趣的故事编成剧本,搬上舞台。诸多著名的剧种,都有相当数量的"三国戏",其中包括"关公戏"。

以关公家乡的蒲州梆子为例,"三国戏"有记载的就有88出,其中,"关公戏"有18出。著名的剧目有《出五关》《古城会》《出许昌》《挑袍》《水淹七军》《单刀会》《走麦城》等。京剧里的"三国戏"和"关公戏"也为数众多。据陶君起先生编著的《京剧剧目初探》中列出的"三国戏"剧目就有154出,其中,由关公担任主角或配角的戏则有23出。关公作为一个历史人物,在戏剧舞台上能够有这么多的机会与观众见面,是颇为罕见的。与关公同时代的诸葛亮、曹操在戏剧舞台也属于热门人物,但是,从数量上说也不能与关公相比肩,他们的戏都远远少于关公。

著名戏曲理论家李希凡在评说"关公戏"时曾说:

> 在关公戏里,只有清代的剧目,大部分出自《三国演义》。(以京戏为例,一百四十八出三国戏,单独写关公的戏有二十出,只有四出不是出自《三国演义》。《斩熊虎》来自《关帝外纪》,其余十六本皆本《三国演义》,甚至结构台词也和《三国演义》相近。)而在《三国演义》以前的元杂剧或者是时代相近的明杂剧(以《孤本元明杂

剧》的剧目为例）里，写到关公的，像关汉卿的《单刀会》，郑德辉的《虎牢关三英战吕布》，阙名作者的《千里独行》，都是《三国演义》以前的作品（很可能是罗贯中写《三国演义》时的有关情节的参考书），明杂剧《刘关张桃园三结义》《单刀劈四寇》《怒斩关平》，有的和小说的情节有很大出入；有的则是《三国演义》里根本没有的故事。

可见，京剧的"关公戏"所采撷的故事范围更宽泛一些。

在元杂剧中，也有很多"关公戏"，其作者既有名不见经传之辈，又有大名鼎鼎的剧作家，如关汉卿、郑光祖等人。其内容广阔而丰富，基本上把关公生前所经历的主要事件和民间流传的主要故事都涉及了；其题材来源既有对历史事实的加工和改造，又有剧作家的大胆虚构与创新，但更多的还是对流传在民间的关公故事的继承与发展；其宗旨大都是对关公英雄形象和道德风范的热情赞颂和讴歌。

元杂剧中"关公戏"最为著名的是关汉卿的《关大王独赴单刀会》。下面就以此剧为例，对元杂剧中的关公形象略加分析。

这出戏写的是三国时，东吴鲁肃为索回荆州，应邀关羽过江赴宴，并预想在宴会中以三条计策对付关羽：一是在宴席上以礼索要荆州，二是礼索不成，便拘留关羽，迫使他归还荆州，三是席间暗藏甲兵，趁机活捉关羽，迫使刘备归还荆州。当关公接到邀请后，明知赴宴潜藏着相当大的危险，但仍单刀

赴会。在宴席上，与鲁肃各为其主，唇枪舌剑，进行了一番较量。最后在剑拔弩张之时，关羽趁机扯住鲁肃，以他作为人质，护送自己上船，安然无恙返归荆州。

在这出戏里，鲁肃向关羽索取荆州是矛盾的焦点，鲁肃与关羽面对面的激烈交锋是关键的情节。但是，剧作者关汉卿的创作旨意并不拘泥在荆州的归属上，不是单纯表现曲折的故事情节，而是着力刻画表现关羽豪迈的情怀、雄壮的气度、不畏艰险的胆略、机警聪明的智谋。在全剧四折中，关羽到第三折才出场，在前两折中，关羽虽没有露面，但是，故事却紧紧围绕着他展开，使关羽不在台上而又在台上，使观众不见其人却如见其人，用这种巧妙的表现手法，把关公形象塑造得极为成功。

第一折主要是通过乔阁老的唱词来对关公进行描绘。

[鹊踏枝]他诛文丑驰粗，刺颜良显英豪，向百万军中，将首级轻枭。那赤壁相看的好,他每都喜孜孜地笑里藏刀。

[金盏儿]他上阵处三绺美髯飘，将九尺虎躯摇。五百个操关西簇捧定个活神道。敌军见了，唬得七魂散五魂消⋯⋯

[醉扶归]你当初口快将他保，做的个胆大把身包。你待暗暗地埋伏紧紧的邀，你若是请得他来到，若见了那勇烈威风相貌，那其间自不敢把荆州要。

第一折乔阁老历数关公征战沙场，斩将夺关的英雄事迹，将一个活生生、威风八面的关公塑造出来。随之,在第二折里,又借司马徽之口,从另一个方面描绘了关公。

[滚绣球]他圆睁开丹凤眸,轻舒开捉将手……他若是宝剑离匣,你则准备着头,枉送了你那八十一座军州。

[滚绣球]黄汉升猛似彪,赵子龙胆如斗,马孟起是杀人的领袖。那杀汉虎牢关力战了十八路诸侯。骑一匹千里驵,横一条丈八矛,当阳坡有如雷吼,曾挡住曹丞相一百万带甲貔貅。叫一声混天尘土纷纷的桥先断,喝一声拍岸惊涛水逆流。这一伙怎肯干休!

[煞尾]他千里独行觅二友,匹马单刀镇九州。人似爬山越岭彪,马跨翻江混海虬。他轻举龙泉杀车胄,怒拔锟铻坏文丑,麾盖下颜良枭了首,蔡阳英雄立取了头。这个避是非的先生决应了口,那杀人的关公更怕他下不的手!

司马徽通过描述五虎战将的英武,关羽的神勇,长了关公志气,灭了鲁肃威风。他说了一句话关羽是惹不得的,断然拒绝去做宴会陪客。但是,鲁肃还是不死心,差人过江去请关羽赴宴。到第三折里,关公登场了,通过他那明心见性的大段大段的道白,一连串优美、精炼的曲文,表述了他不惧东吴,不怕阴谋,明知山有虎,偏向虎山行的英雄气概。待到第四折关公与鲁肃见面时,面对针锋相对的斗争,关公也始终处于一种优势地位。最后,鲁肃三计落空,关羽慷慨而去,安然而归,完全是一个胜利者的英雄形象,给观众留下了深刻的印象。

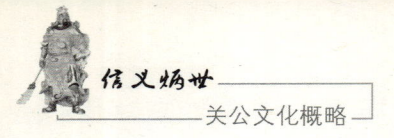

戏剧中"关公戏"在传统剧目中占有特殊而重要的位置，这里不一一加以分析。但是，从总的方面来说，关公在这些剧种中总是以庄严、威武、豪迈的英雄形象出现，并且扮演关羽这一人物必须得有独特的装扮，独特的唱法，独特的功架身段。如蒲州梆子演"关公戏"，关羽的脸谱就必须是全红脸钩鼻线，以此来表现人物忠勇、正直、豪迈、坦荡的性格特征。李希凡先生曾说过：

无论是在受小说影响的三国戏里，或者是在和小说无关甚至影响过小说的三国戏里，有一点却是共同的，即关羽的形象，都是被歌颂的"忠义"完人。这说明了关羽成为偶像，在文艺作品里，也并非只是"小说标榜之力"，而是在小说未写成之前，关羽的性格和品质就已有了定型。这个定型恐怕是在传说和口头艺术中间早已形成了。《演义》只不过是在这定型的基础上给它增加了更多的"光圈"而已。

因此，红脸关公作为戏剧舞台上一个独具特色、颇受广大群众喜闻乐见的典型艺术形象，它所产生的影响是不亚于《三国演义》的。

第三节 诗词、碑刻、楹联中的高大形象

对关公形象的构筑，除话本、小说、戏剧的突出作用外，

在文学的其他方面，诸如诗词、楹联、碑刻等对关公的描绘、宣传与颂扬，所产生的社会效应，也是不能低估的。

一　诗　词

在中国传统文学中，诗文一向是高居庙堂之上的高雅文学。历代文人不仅用诗歌来言志抒情，而且也用诗歌来凭吊古人感怀历史，表现出中国文人以史为鉴的人文情怀与以史明志的人生追求。历代文人在诗篇中对于关羽其人其事也发出了无限的感慨和深沉的咏叹。他们用一种真实的口吻诉说着关羽生前身后的事迹，也在默默引导着关公信仰上升为国家祀典。

历代咏颂关羽的诗歌散见于各种诗集和寺志、方志，钩沉仔细、辑录完备实属不易。幸而前人已经做了一些辑录工作，在明清以来的帝志、圣迹图志等有关关羽的文献中都有艺文部分，选辑了一些诗歌，各本所录诗歌大同小异，以明代诗歌数量最多，清代诗歌尚未足备。下面就以选录的诗歌为主并稍加补充，试图分析诗歌中所映射的关羽形象。

《关帝事迹征信编》编者崔应榴在卷二十九末尾言及所选诗歌的题材时写道：

> 尝读帝志，及各省郡邑志、诸名人集，拽得诗一千首有奇，亦云富矣。除选登墓寝、祠庙、名迹等门外，复太（汰）存计若干首，盖十仅取二三焉。读悲凉雄壮之作，欲碎垂壶，诵幽邃沉郁之章，疑闻铁笛。他如读史兴怀，感时发慨，组织唐音，步武乩韵，体裁略备，幕想从

同……

可见从题材上看,主要有"墓寝、祠庙、名迹"等记游诗和"读史兴怀,感时发慨"的咏史诗,前者侧重于凭吊古迹,后者侧重于咏叹史实,但也不是截然分开的,往往是情景交融,夹叙夹议。此外,还有记叙关羽成神显灵的灵迹诗和有关关羽侯印、磨刀雨等风物传说的风物诗。

各种题材的关羽诗歌,无疑都在咏叹中注入了深刻的历史内涵,这种历史感是关羽形象作为历史人物所具有的特质,随着时代的变迁,其形象内涵也在不断扩大。首先,诗歌中关羽的生平事迹是从真实历史到虚构故事的扩展。唐朝,关羽成为诗人吟咏的对象,大多是与张飞并列,作为古代勇武的战将来比附时人,抒发感情。如岑参的《东归留题太常徐卿草堂》有"汉将小卫霍,蜀将凌关张",这里是以关张衬托徐太常的武勇。又有用来感叹三国史事,如"虽依关、张敌万夫,岂胜恩信作良图?"(徐寅《蜀》)"管、乐有才真不忝,关、张无命欲何如?"(李商隐《筹笔驿》)"可怜蜀国关、张后,不见商量徐庶功。"(崔道融《过隆中》)到宋朝,有更多的关羽个人事迹进入诗歌,如"万众中,刺颜良。身归汉,义益彰。位上将,威莫当。吴人诈,失不防"(黄茂才《武安王赞》)。显然是庙祀中对关羽功绩的颂赞。尤为引人注意的是,宋人已经将关羽下邳降操、后归刘备一事美化,表现他的汉室气节。如张商英的《咏辞曹事》:

月缺不改光,剑折不改铓。
月缺白易满,剑折尚带霜。
势利寻常事,难屈志士肠。
男儿有死节,可杀不可量。

元朝诗歌中,继续歌颂关羽对于刘备的忠诚,如宋无《关云长》:

一面荆州赤手擎,当时华夏震威名。
平生不背刘玄德,独有曹公察此情。
——《关帝志》卷四艺文下

而从最后一句看,诗人对于曹操能够遣其而不追,对人才的宽容大度也表示欣赏。在一组咏关羽墓的同题诗歌中,诗人以深刻的感触叙写了荆州之败,既是对荆州战事的历史反思,也抒发了英雄末路的悲哀。其中,刘纬的"鞍马平生百战身,可怜于此卧荒榛。俘来于禁元轻敌,衅起孙吴为绝亲"(《题大王冢》),是将荆州之失归咎于关羽的"轻敌"与"绝亲"。而何溟的"欲除曹氏眼前害,岂料吴儿肘后欺"(《题大王冢》),周午的"仲谋不度来求婚,遣使甘言只屈辱。奋髯北伐将徙都,白衣狙诈劳仁呼"(《题大王冢》),李鉴的"傅糜俱罪生狂计,蒙逊阴谋缪见亲"(《题大王冢》),则将责任更多地推到关羽部将的变节和东吴的偷施计谋上。历史的是是非非、曲曲直直,只待留给后人评说。

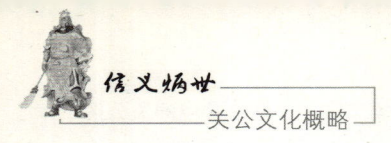

明清诗歌对关羽事迹的歌咏更为全面,其中,描写关羽熟知春秋、忠于汉室的有明朝赵璞的《次何州判韵》:"许身刘氏坚惟一,报效曹公示不欺"。张良知的《重谒武安王祠》:"义扶蜀主兴刘祚,威震曹瞒出许关。"曾大有的《谒解州庙》:"学术真成淹左氏,丈夫元不齿黄忠。"陶琰的《重谒武安王庙》:"志在《春秋》知讨贼,忠存社稷欲安刘",等等。描写关羽袭斩颜良、单刀赴会的有明朝骞万里的《大王冢》:"天生一髯狞于龙,馘良俘禁谈笑中。"李春光的《谒武安王》:"单刀回鲁肃,巨舶困曹仁。"赵钦汤的《辑志特感》:"夏口单刀驻,荆门万甲巡。"对于荆州之失也是以十分同情的笔触写出,如吴献台的《题关壮缪像》:

……
巨浪淹七军,襄樊列艨艟。
禁俘德亦虏,大江血流红。
威声震华夏,皎日悬晴空。
陆浑亘许洛,壶浆若云从。
讵意肘腋间,包藏剧群凶。
蛊蛊众狐蜮,发奸逊与蒙。
轻舟袭南郡,九仞隳成功。
麦城困孤旅,临诅推元戎。
侯存汉烬炽,侯殁炎精终。
……

此外，明朝的诗歌中出现了一些俗文学中虚构的故事，如桃园结义。王明的《谒解州庙》："荡寇将军百世英，桃园犹忆旧时盟。"李贽的《过桃园谒三义祠》对于刘、关、张兄弟结义之情的赞颂是在与势利人心的对比中现出，是对俗世民风的深刻感触：

> 世人结交须黄金，黄金不多交不深。
> 谁识桃源三结义，黄金不解结同心？
> 我来拜祠下，吊古欲沾襟。
> 在昔岂无重义者？时来恒有《白头吟》。
> 三分天下有斯人，逆旅相逢成古今。
> 天作之合难再寻，艰险何愁力不任？
> 桃源桃源独蛮声，千载谁是真弟兄？
> ……

描写秉烛达旦的有侯畛的《次韵》："秉烛中宵大义存，成仁身报汉王恩。"汤显祖的《邺中关亭侯祠》："舆图并借挥戈色，庙貌全依秉烛光"；冯梦祯的《关汉寿赞》："侯武而文，好读左传。侯勇而义，秉烛达旦。"还有描写斩貂蝉事，如彭梦祖的《关公庙祀歌》：

> 貂蝉颜色天下殊，背面忘夫即可诛。
> 人间亦有奇男子，月下能挥一剑无。

郑以伟的《舟中读〈华阳国志〉》：

> 百万军中刺将时，不如一剑斩妖姬。
> 何缘更恋俘来妇，陈寿常璩志总私。

还有描写斩文丑事，如雷林的《谒武安王祠》：

> 刃绝文颜威大振，计吞吴魏志难酬。

描写过五关，如明代卢象升的《过恨这关诗》：

> 千古英雄恨这关，疆分豫楚几重山。
> 龙泉道士嫌岑寂，鸟道征人叹往还。
> 剑削芙蓉身欲奋，幽栖岩壑意仍闲。
> 遐思壮缪当年事，历尽江山识岁寒。

诗引说道："关夫子过五关，此其一也。相传有勒马回头恨这关之语，遂以为名。余阳，闻郢中有警，星夜驰援过此。"这首雄迈苍凉的诗歌正是诗人在关羽古迹前追记的战斗情怀。对于将虚构的故事入诗，古代文人历来有所批评。如《莼庐杂缀》说："《三国志演义》，不尽子虚。唯诗人不加鉴别，概以入诗，致腾笑艺林者亦复不鲜。今河南有恨这关。相传因关羽过五关时，有'立马回头恨这关'之句得名。明卢忠肃督师至此，赋诗云：'千古英雄恨这关，疆分楚豫几重山……遐思壮缪当年事,历尽江山识岁寒。'五关六将,语属不经。吴拜经谓忠肃此诗,特有为而发。要未免失于检点。"袁枚《随园诗话》卷五说:"崔念陵进士,诗才极佳。惜有五古一篇,责关公华容道上放曹操一事。此小说演义语也,何可入诗?何屺瞻作札,有生瑜生亮之语。被毛西河诮其无稽,终身惭悔。某孝廉作关庙对联,竟有用'秉烛'达旦者。俚俗乃尔,人可不学耶?"批评归批评,虚构的关羽故事被写入诗歌还是越来越多,这些小说或戏曲中虚构的故事情节同样在诗歌中得到表现,并且真实与虚构的界限更加模糊。这样,无形中丰富了关羽义勇品格的内涵,为人物形象增添了几分艺术色彩。

其次,诗歌中关羽形象从其生前人格形象向死后神格形象延伸。宋朝黄茂才的《武安王赞》中有"严庙貌,爵封王。祚我宋,司雨。祷而应,弥灾荒"的词句,对于关羽死后封王成神,及其"司雨"的神职并且拯救灾荒、十分灵应作了初步的描写。关于"弥灾荒"的灵应事迹,最典型的是宋朝解池斗蚩尤的故事。对此,明代陈继儒的《关将军》诗以烂漫神奇的笔法将故事的来龙去脉作了完整的艺术表现:

> 黄帝杀蚩尤,其血化为卤。
> 里人上冢时,七冢白虹舞。
> 迨宋政和中,作耗解州土。
> 盐池岁圮败,十课不登五。
> 帝问虚静师,何神格此虏。
> 师属关将军,桓桓彪且武。

> 俄奏大风作，霹雳阙而怒。
> 拔木池水清，群鬼斫做脯。
> 帝曰可见乎，披云忽惊睹。
> 大身充其庭，修髯飘颊辅。
> 从此濯厥灵，盐政无所苦。
> 死且灭蚩尤，吴魏安足数。

元朝吴莱的《富春新创关将军庙成吴子中携卷索题》记叙了关羽托梦为吴生治病并因此而受到祀敬的创庙缘由："吴生病起有怪闻，梦中识得髯将军。香火乞灵自此揭，庙门酾酒棕榈云……"明朝郭子章也将自己万历年间征讨夜郎时，关羽梦示机谋的经历写入诗中："……夜梦壮缪侯，车骑俨相过。倒屣延之入，席分宾主坐。论贼无足虞，秕糠易扬簸。巢幙暂偷安，积薪以待坐。及余入八番，次第密牧逻，……岂专帷幄谋，一一神所佐……"（郭子章《纪梦》）此外，明朝张恒的《平泉纪异》也记载了关羽显灵，平泉抵抗倭寇之事：

> 君不见，赫赫英灵如常在，佑国诛贼显台海。世宗倭寇犯平泉，帝现云端时露铠。又不见，小子患瘤危笃时，梦中常得帝扶持。浩然正气塞宇宙，万芳玉食信无私。

清朝嵇永仁的《纪异》"香烟缭绕寿亭祠，千古衣冠系所思。忍使忠良遭陷溺，先教烈火自焚帷。"是对在署中关帝祠神幔空中举火自焚的异事中有所预示和感叹。清人的诗歌中关羽形象笼罩着更为厚重的神性色彩。如清李哲亭的《赠亮山上人》之二"普净山头性久明，云中每听步虚声。玉泉法化龙泉地，祇为众生不为名。"描写的就是关羽玉泉显圣和护法的宗教传说。伍桂辛的《玉阳官署》"……三界伏魔初显烈，神功一夜雷电掣。殿宇巍峨顷刻成，诸佛如来皆大悦。开皇皇后作檀越，大启丛林拟金阙……寿亭侯印深藏护，龙眉龙角镇山林。"中，完全将关羽当作"三界伏魔大帝"，将其作为与如来诸佛排列在一起的神灵来刻画，具有超人的神功和法力。以神灵身份出现的关羽或驱除天灾，或扶助人事，或解除病患，都是造福人类，是诗人歌颂的正义之神。这种正气和武勇也正是关羽生前品格的延续。在诗歌中，关羽形象得到提纯和升华。

历代诗人将关羽纳入自己咏史抒怀的情感意象之中，不仅仅是记录关羽的身世遭逢和感应灵异，也寄托了自己对家国命运的深切关注和人生价值的深沉感怀。中国古代社会的文明进程，是各个朝代的兴亡更替、不断争战的过程。有战争就有胜负成败的抉择，就需要武将的征战和献身。反观历史长河，前关羽者，有李广、卫青、霍去病等大将；后关羽者，有岳飞、文天祥等民族英雄，这些将领在历史的滚滚尘烟中努力践履着自己的人生追求，沙场立功，为国为民。也因为他们的突出贡献，成为宇宙微尘中被浪花淘出的"英雄"，他们的武力成为后人旌扬的对象，他们的忠诚是留给后人的宝贵的精神财富。咏叹史实，是为了以古鉴今，诗人的着眼点在于自己所处时代的命运前程。袁枚《随园诗话》从诗歌创作的角度总结道："咏史有三体：一借古人古事，抒自己之怀抱：左太冲之《咏

史》是也。一为隐括其事，而以咏叹出之：张景阳之《咏二疏》，卢子谅之《咏蔺生》是也。一取对仗之巧：义山之'牵牛'对'驻马'，韦庄之'无忌'对'莫愁'是也。"关羽早在杜甫的诗歌中便成为比附的对象，杜甫《奉寄章十侍郎》：

> 淮海维扬一俊人，金章紫绶照青春。
> 指挥能事回天地，训练强兵动鬼神。
> 湘西不得归关羽，河内尤宜借寇恂。
> 朝觐从容问幽仄，勿云江汉有垂纶。

这里是用"对仗之巧"，以驻守荆州的关羽比喻章十侍御（章彝），以为章彝不应该内调回朝。金朝张王旬的《义勇行》则是借关羽之事抒发自己怀抱：

> 忆昔天下初三分，猛将并驱谁轶群。
> 桓桓胆气万人敌，卧龙独许髯将军。
> 威吞曹瞒欲迁许，中兴当日推元勋。
> 惜我壮缪功不就，竟令豺虺还纷纷。
> 血食千年庙貌古，岁时歌舞今犹勤。
> 君不见天都、灵武巢未覆，抚髀常思汉寿君。

作者所处之时（可能）是宋末的民族战争时期，家国的山河破碎，未能恢复，敌军强盛难以消灭，让作者痛心疾首，忧心满怀。在称颂关羽义勇之时自己也怀有同样的"功不就"的惆怅情怀。元朝郝经的《曹南道中憩关王庙》：

> 传闻哨马下江陵，青草湖南已受兵。
> 壮缪祠前重回首，荆州底事到今争？

此诗更是咏叹时事之作，关羽战斗过的荆州之地在诗人所处的元初依旧成为兵家争斗的所在，等到尘埃落定，会是一个什么样的结局呢？一问之中，隐含作者多少对时局的关注和前途未卜的忧思。古人咏史，以为"古人咏史但叙事而不出己意，则史也，非诗也。出己意，发议论，而斧凿铮铮，又落宋人之病。……"（吴乔《围炉诗话》卷三）讲究"不必专咏一人，专咏一事。己有怀抱，借古人事以抒写之，斯为千秋绝唱"（沈德潜《说诗晬语》卷下）。只有将古人与现实相联系，咏史才具有更为深刻的时代意义。

除了借关羽所处的三国时代比照现实，延续着对战将的赞颂和国家命运的思考，诗人们更多地从关羽其人反观自身，吟咏之中流露出深沉的悲剧意识。这种悲剧意识，从浅层来讲，是对功名不就、功败垂成的感叹。从深层来讲，则是古人常常流露的生命意识，是对人生苦短、无法永恒的伤怀。在与关羽相关的送别诗中，诗人将关羽和荆州这片土地联系在一起。郎士元《壮缪侯庙别友人》：

> 将军秉天姿，义勇冠今昔。
> 走马百战场，一剑万人敌。

谁为感恩者，意是思归客。
流落荆巫间，徘徊故乡隔。
离筵对祠宇，洒洒暮天碧。
去去无复言，衔悲向陈迹。

前四句感叹关羽的功绩，后六句则抒发离别的思绪，这种离别因为在关羽祠的特定地点，在历史的陈迹面前，所以除生死别离之外，更有一种与已经逝去的历史古人相隔千载的距离感，使这次送别显得格外的苍凉。元朝邓光荐的《送钱方立游荆楚为吊云长歌》则记叙送友人前往荆楚之地，于是在作者眼前幻化出那片"曹刘孙氏百战之山川"。在离别中，歌者充满了悲怆的感情，这种悲怆是为那片"山川萧条风景异，尘沙落叶号寒蝉"的土地所发，更是为那些被黄土埋没的三国古人而发。君不见"堂堂云长气盖世，少假数月无中原。汉灰欲冷宁非天，孔明公瑾皆无年"，那些在历史中叱咤风云的人们却没有逃脱命运的安排，最终离开了鲜活的人世。诗人要友人前去凭吊，并悠然感叹"纷纷余子何足数，更向鹿门求老仙。"终于在求仙的神话中宿命地逃遁了那份命运的关怀。

在谒墓诗中，面对关羽的墓寝，这种悲剧感也越发的强烈。于是就有结合荆州失守而发出的"鞍马平生百战身，可怜于此卧荒榛"（刘纬《题磊王冢》）的感叹，有"嵯峨一冢余千年，长使英雄泪如水"（袁翱《谒解州庙》）的英雄末路之悲。有"三分鼎据今犹恨，不恨曹瞒恨仲谋"（周午《题大王冢》）、"地下应含千古恨，雄心未复汉山河"（张京安《谒常平关王祠》)的千古遗憾。不过,随着明清之后关羽崇祀的日益隆重,诗人又在谒庙的诗歌中表达出另外一种思想价值倾向,那是对生前事与身后名的对比观照,是对关羽"髯破虽亡神万古,崇封严祀亦何荣"(周尚文《重谒武安王庙》)的钦羡。原来那种"黄壤一抔盖忠义,空余遗恨失吞吴"(刘巽《题大王冢》)壮志未酬的咏叹变成对关羽庙祀千古、孙曹寂寂无闻的现实关怀。他们不约而同地在二者之间做出比较并且积极肯定关羽流芳百世的生命价值。如明朝赵友的《题云长勇义》:

匹马擒良已报曹,英雄气概万人豪。
陆城庙食垂今古,却笑吴宫遍野蒿。

当一切的人世繁华都衰败,留在人们心中的精神仍然永存,所以在对荒败的吴宫景色付之一笑时,也顿悟出"谁与当年论胜败,还从身后定雄雌"(徐学聚《谒玉泉山庙》)的历史选择。"台荒铜雀春无主,锁断长江水自悲。惟有侯祠弥宇宙,英声大节动遐思。"到了清朝,关羽崇拜更为热烈,"中原有地皆修祀,故土无人不荐香。可叹孙曹甘僭窃,何如忠义万年芳"(乔庭桂《修志有感》)。什么是短暂,什么是永恒;什么是渺小,什么是伟大;是非成败转头空之后,穿越漫长的时间隧道,才让人真切分明地感受到。

古代的士人阶层是社会文明的承载者,是一个社会的知识精英,他们大多数可能并不相信什么鬼佛神灵,对于关公崇拜

也没有下层百姓那么执着和深切的体验与感受。他们更多的是从儒家思想上去塑造关公的人格精神，最初也许只是对一种武力的旌扬，在以蜀汉为正统的史学观指导下，关羽的武勇带上了忠君报国的正义色彩，不是蛮勇和暴力。儒者所强调的"勇"，在于"临大节而不可夺"（《论语·泰伯》）、"三军可夺帅也，匹夫不可夺志也"（《论语·子罕》）。要胸怀壮志、心存大节，并非武艺高强所能做到，还要能够修身自省，知礼名义。所以，诗人们并没有花多少笔墨去渲染沙场的气氛，表现让人散魂夺魄的武力之威，而是将更多的赞颂目光投注到关羽个人的品格修持上，也就是突出其儒将的风范。如文徵明的《题圣像》：

有文无武不威如，有武无文不丈夫。
谁似将军文而武，战袍不脱夜观书。

此诗是对关羽文武兼修的称赞，而"夜观"之书，便是儒家奉为"麟经"的《春秋左传》，认为关羽能够保持气节，便在于深谙儒家经典、春秋大义。像赵钦舜的《谒解州庙》中所写到的：

归吴便可邀殊遇，从魏尤堪树壮猷。
偏向孤城轻一死，不虚平日看春秋。

于是，关羽"许身刘氏"、"报效曹公"、"秉烛中宵"、"刃绝文颜"、"夏口单刀"、"威震襄樊"的生平事迹或传闻，

都具有了传统的儒家思想的底蕴。如陶世敏的《关圣读春秋》:

> 汉季有真儒,孤忠怀鲁史。
> 当时惧乱臣,千古如夫子。
> 吕陆不胜诛,魏吴旋已圮。
> 独留达旦光,一炬无终始。

这里,已经将关公与孔夫子相比,攀升到圣人的地位。究其实,在儒家文化中熏陶出来的古代文人可能并没有塑造关羽的初衷(唐宋时期,仅有少量咏叹史实的诗作),而当关羽在俗文化中被推崇并在香烟缭绕的神龛中供奉得以不朽时,文人的个体意识再次得到共振。在芸芸众生中,士人比民众更关注自己个体的终极归宿,他们以立功、立言、立名作为自己个体精神不朽的永恒追求。他们在历史长河中寻找灵魂不朽的榜样,关公的儒将精神便是这样塑造出来的,作为榜样,关公人格精神的不朽让儒者看到一种精神追求的实现。

当然,除了在关公形象上寄托一种儒家的人文精神之外,也不排除一些文人在护法参禅的宗教修行中与关公相契合。典型的是明中后期的"公安三袁",三袁的故乡就是隋朝智𫖮大师的家乡,在荆州玉泉山的柴紫庵,有明万历甲寅年(1614年)公安吏部袁中道建的"净名堂",亦曰"灵桂堂"。用来"祀诸护法居士者,中为维摩诘,左为关侯,右为太史袁宗道、黄辉、雷思霈,吏部袁宏道"(《玉泉寺志》卷一《营建志》),袁中道在《题关将军祠》一诗中表现出的就是淡泊功名、归隐山乡的参禅心态：

> 一腔血尽了生缘，静向山中礼佛筵。
> 人道肝肠能死国，我言肋骨好参禅。
> 涧岩震怒如雷地，草木淋漓易雨天。
> 日暮鸟啼人迹断，自搜残碣自尝泉。

这里所辑引的一些诗词，只是关公诗词中的一小部分。不过从这些诗词看，关公是诗人、词人笔下不断讴歌、美化、敬仰的对象，这无疑感染了许许多多的读者，关公无疑成为群众心目中的偶像。

二　楹　联

楹联是我国独特的、大众化的文学艺术形式。他形成于两宋，风行于明、清，沿袭至今。在千百年的历史发展过程中，由于有统治阶级的倡导，文人雅士的推行，普通老百姓的喜爱，所以，这一文学样式，逐渐成为中国民众精神生活的一个每每触及的部分。它既是阳春白雪，能够进入大雅之堂，又是下里巴人，在寻常市井巷陌中也有广泛的位置。在全国各地的皇城宫阙、馆阁楼宇、名山古刹、园林胜地、鼓楼牌坊、官司宅第、酒肆茶座等处所，都有楹联艺术的装饰、点缀。不仅如此，在群众的日常生活中，每逢时会佳节、婚丧庆吊、朝会庆典等活动，楹联的制作者和应用者，既有帝王将相、达官贵人、文人雅士，也有工农商贾、市井佃民、乡野牧竖。人们运用楹联这种文学艺术形式,抒发思想感情,评说历史、人物,描绘山川、景色;表达对生活的美好祝福和愿望;反映当时的社会历史风貌和人民生活状况。人们把有诗词文赋、书法雕刻构成的楹联与建筑艺术融为一体,给人以审美的享受和精神的熏陶。楹联起到了雅俗共赏的社会效应,流传下来的许多优秀的楹联,已成为珍贵的文物和国家的瑰宝。

后人为关公也制作了大量的楹联,对关公的生平、功业进行了评说,这里只选取一些有代表性的楹联,以窥其貌。

一是讴歌关公作为一名忠臣良将、具有春秋大义精神的楹联。如:

于右任为马来西亚华侨新建关庙所撰写的楹联:

忠义二字团结了中华儿女;
春秋一书代表着民族精神。

再如成都市关庙楹联:

孔夫子关夫子万世两夫子;
修春秋读春秋千古一春秋。

又如白崇禧为台湾省新竹县关庙所撰写的楹联:

山别东西前夫子后夫子;
圣分文武著春秋读春秋。

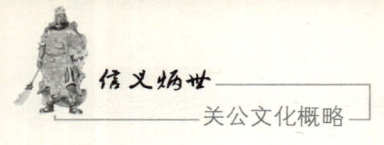

又如平阳府楹联：

先武穆而神，大汉千古，大宋千古；
后文宣而圣，山东一人，山西一人。

又如王阳明歌颂关公所撰写的楹联：

天无二日，民无二主，已矣乎，吾未之信，到终有憾三分鼎世；
义不可废，节不可夺，强哉矫，至死不变，平生不愧一部春秋。

二是描写关公走向神坛、地位不朽的楹联。如清代黄殿陔为湖北沙市龙堂寺关庙所撰写的楹联：

汉封侯宋封王明封大帝；
儒称圣释称佛道称天尊。

明代朱翊钧的山西解州关庙楹联：

五夜何人能秉烛；
九州无处不焚香。

清代佚名的汉口山陕会馆春秋楼楹联：

精忠成武圣至德配文宣日月河山同不朽；
江汉话乡情春秋隆祀典馨香俎豆报无穷。

三是描写关公威震华夏、永载史册的楹联。如民国时期孙鸿裕的洛阳关陵石坊楹联：

忠义双垂安社稷；
声威并著破奸瞒。

山西稷山县范家庄关庙献殿楹联：

两道蚕眉锁住汉家社稷；
一双凤眼看破曹氏奸瞒。

清代翁广居的解州关庙楹联：

圣德服中外大节共山河不变；
英明振古今精忠同日月长明。

清代乾隆皇帝的北京地安门关庙楹联：

豪气丹心万古忠诚昭日月；
佑国福民千秋俎豆永山河。

许昌市灞陵桥关帝庙：

生蒲州，辅豫州，保荆州，鼎峙西南，掌底江山归统驭；
主玄德，友翼德，仇孟德，威震华夏，眼中汉贼最分明。

卢邦植：

功烈振当年，体纲常，敦伦礼，重名分，轻死生，立百代帝王之准则；
威灵昭圣世，扶社稷，保黔黎，示吉凶，垂福德，树千秋神圣之规模。

清代张文华的湖北当阳麦城旧址楹联：

志扶汉室威震华夏忠义凛然参天地；
白衣偷渡兵溃麦城成败岂足论英雄。

四是对关公历史功过分析的楹联。如清代左宗棠的湖南省常德市关庙楹联：

史册几千年未有上继文选大圣下开武穆孤忠浩气长存树终古人伦师表；

地方数百里之间西连汉寿旧封东接益阳故垒英风宛在望当年戎马关上。

清代刘雁书的湖北麻城市关庙楹联：

尺土皆刘家旧物使君何谓借荆州；
单刀赴吴国阴谋夫子只知扶汉室。

湖南省衡山县某关庙楹联：

秉烛岂避嫌此心一夜惟有汉
华容非报德当时双目已无曹

五是从器物（赤兔马、青龙刀）角度出发描写关公生平功业的楹联。如明神宗朱翊钧的湖北当阳市关陵楹联：

赤面禀赤心骑赤兔追风驰趋时不忘赤帝；
青灯观青史杖青龙偃月隐微处不愧青天。

汪启英的江苏如皋市关庙楹联：

附圣人之末光猛将佳儿同万古；
得夫子之正气宝刀骏马亦千秋。

湖北当阳市关陵楹联：

马骑赤兔行千里；
刀偃青龙出五关。

这些楹联都对关公的生平功绩进行了描绘、颂扬，其影响宣传作用超过了诗词歌赋一类。因为，它大多悬挂于庙堂外，更贴近群众，使群众能有更多的机会欣赏、接触、了解关公形象。

三 碑 刻

碑刻也是我国很有影响的艺术形式。它融文学、书法、绘画、篆刻于一体。因此，许多碑刻既是重要的文史资料，又是名贵的艺术珍品，有很高的史学、艺术、审美与观赏价值。

有关关公的碑刻颇多，几乎遍布全国各地的关庙中，这些碑刻可大致分为两类，一类是文字碑，一类是造像碑。

（一）文字碑。这类碑多是因为修建关庙或其他特殊事情而撰写、镌刻的。内容包括建庙因由、经过，并对关羽的生平经历、功世进行评述，或是记述某种特殊事情的前前后后。在《关圣帝君圣迹图志》中收录的碑记有22篇，在《关帝志》中也收录有34篇。在这些碑记中，有许多碑文是由名家撰写，且由有名的书法家书丹，刻工也很讲究，所以，颇有艺术价值。

从碑记内容来看，可以说是一体的颂歌，极力赞扬关羽的忠、义、仁、勇。所谓"义烈英灵，炳蔚万古"，"纲常义勇，垂日月，弥宇宙。""上匡王国，下福苍生。"（王维珍：《阳城县重修关帝庙碑记》）"忠而远识，勇而笃义。事明君，抗大节，收隽功、蜚英明。磊磊落落，挺然独立。"（田特秀《重修关帝庙记》）"熊虎奇气，单敌万人；义烈高风，雄视三国，世之魁杰。"（喻时《光州关帝庙记》）"迹其生平之大节，出处之光明，所谓富贵不能淫，贫贱不能移，威武不能屈。"（《关圣帝君祖墓碑记》）。还有一些碑文记叙了他成神后显灵济世的故事。如《河南府孟津县关帝灵感记》和《摹勒关圣帝君宝像碑记》等，都记载了一些关羽显灵的趣事。有些碑文对关羽的不幸遇害发出一些感叹之词，并有严厉斥责"曹贼吴寇"之句。所谓："天不祚汉"、"功勋垂成貉夏为厄，有志之士，盖深悲之。"（冯子振《广陵关帝庙碑》）"如帝不死，与武侯戮力：武侯治内，帝治其外，汉贼可诛，孙氏可卤，而高祖之天下可复也。"（方孝孺《关帝鸟碑记》）等等。

这些碑文置于大庭广众之下，对群众定会产生一些影响。但是，相比之下，它似乎要较之诗词、楹联的影响小一些。

（二）造像碑。关羽的造像碑在各地也很多。是以绘画镌刻的形式，表现关羽形象的英姿、豪气。据1961年香港广信印务公司版《关圣帝君圣迹图志》收录的关羽造像碑拓片就有14幅，关羽的形态各异。这些造像碑置于大江南北各地，分布极广。

最早的一通关羽造像碑是《关壮缪像》，是一幅正面骑马挥刀像。高1.33米，宽0.57米。上面有篆书赞词：乾坤正气，

日月精忠,满胸义气,万代英雄。此像是唐代大画家吴道子所绘。

在河南许昌市灞陵桥关帝庙亦有一通吴道子画的关羽像碑。碑高1.59米,宽0.51米,也是横刀骑马像。只是赞词不同于前者:丹心贯日,赤马斯风,两间正气,千古英雄。这个赞词是写关羽在许都曹营期间的情景的。

宋代绘制的关羽造像碑有两通。一通是著名画家马远所绘的《关夫子像》,是一幅正面侧身骑马像。碑高1.07米,宽0.6米。明代天启六年(1626年)会稽李尚石镌石,碑藏于当地长庆寺。碑的左上角有明洪武皇帝敕封齐天护国大将军全文,右上角有清康熙二十三年(1684年)董煌题词。另一通是南宋著名将领岳飞所绘的《关圣帝君像》。为正面侧身骑马挥刀像。碑高1.07米,宽0.47米,现存于河南洛阳市关林。

其他九幅多是明、清时期绘刻的,下面分述如下:

《关壮缪像》,碑高1.03米,宽0.52米。为正面侧身骑马挥刀像。上有摹篆文方印,文曰:"汉寿亭侯之印",是明代弘治三年(1490年)扬州浚河时得到的,还有镇江吴拱宸的赞词。

《义勇武安王神像》,碑高0.67米,宽0.33米,明正德八年(1513年)2月镌刻,并有像记。

《关壮缪像》,碑高1.13米,宽0.63米。明嘉靖三十六年(1557年)由当阳县知县李应魁刻石,上刻有辞曹操书。

《关王辞曹操之图》,碑高1.57米,宽0.63米,碑正面上部为关羽的辞曹操书全文,下部为灞陵桥挑袍图。关羽跨马横刀伫立在灞陵桥上，与赶来送行的曹操搭话。碑的背面为《关王辞曹归刘图记》，叙述了关羽的生平及辞曹经过。此碑镌立于明代宗景泰六年（1455年）。此碑保存完好，现藏于河南省许昌市关羽故居的春秋楼下。

《关圣帝君像》，碑高1.4米，宽0.67米。清顺治十四年（1657年）长安卜桢镌刻，上有钱塘秦骏生集诗经、书位像赞。

《关圣帝君像》，碑高1.07米，宽0.6米。清康熙十六年（1677年）李进泰刻。为正面侧身骑马像，上有"汉寿亭侯之印"方印。

《关夫子像》，碑高1.67米，宽0.63米。清康熙四十三年（1704年）达礼善刻。为正面坐像，上书像赞。

《许昌灞陵桥挑袍圣迹图》，碑高1米，宽0.5米。骑马像。清乾隆二十一年（1756年）由刘仕伟绘刻。像下刻有《许昌灞陵桥挑袍古迹》七言律诗一首：

> 大勇原从集义生，挑袍小□怯疑兵。
> 灞陵桥上期为别，祖饯樽中合自倾。
> 印绶践言鼎汉叶，千金洁志辞曹轻。
> 单骑到处谁能阻？吩咐车轮缓缓行。

《关壮缪像》，碑高1.16米，宽0.64米。为正面坐像。新安江兰刻石。上有乾隆五十八年（1793年）桂馥书的关羽《明圣经》。

关公文化概略

《关壮缪像》，碑高 1.1 米，宽 0.6 米。为侧身之像，劳杏庄摹高且园画木，清道光二十九年（1849 年）劳丙堃刻石。

《关夫子像》，碑高 1.03 米，宽 0.55 米。上有解县印，并有《关夫子像赞》：

> 今古浩然，正大刚毅。
> 山西一人，并立天地。
> 像存故乡，惠千万祀。

此外，还有数行说明词：

> 此先圣五十三岁遗像，藏于解庙，相传至今，面有七痣，须髯稀疏而满颐，瞻仰之下，肃然生敬焉。

此像末著刻石年月，现收藏于山西省运城市博物馆。

《关圣帝君像》，碑高 1.16 米，宽 0.58 米，1922 年镌刻。为正面侧身骑马挥刀像。上方有印一方，下方有昆明马向庆书写的赞词：

> 义存汉室，致主公忠。
> 春秋之旨，独得其宗。
> 天地合德，君师同功。
> 圣神文武，百世所崇。

此造像碑是摹刻前人的，现收藏于山西省运城市博物馆。

这些造像碑较之碑文，对群众有更大的影响。它往往被拓摹装裱，广泛流传于民间。在广东一带，还有些造像被临摹辗转刻印，被商家、店户供奉起来，视为财神。

第三章　民间传说中的关公故事

民间传说，是群众口头创作、口头流传，并在流传过程中不断加工、充实、完善的产物。

关公既是文学作品着力歌颂的对象，也是民间传说故事中不可或缺的特色人物。出于对关公的无限敬仰与爱戴之情，广大民众从自己的思想、感情、意志、要求和愿望出发，创造了许许多多五彩斑斓的关公故事，不仅给生前的关公涂上了一层神秘而庄重的色彩，同时还为殁后的关公赋予了更为神奇与超人的力量。

第一节　身世传说

一　龙王转世

河东解池水流急湍，直通南海。池旁有座寺院，住持方丈是个善下棋的老僧，他棋艺高超，从没输过。这年，解州地界一连数月滴雨未下，禾苗枯黄，民生无路。一天，忽然来了个红脸大汉要与老僧对弈，两人一连下了数局，也没分出个高低。大汉要求再战，老僧说他心绪烦乱，稳坐不住。大汉问其原因，老僧叹息到："解州地方数月滴雨未下，庄家将要旱死，百姓们可怎么活呢！"大汉闻言即坦诚相告："吾就是南海龙王，因玉帝不准向这方行雨，上意不可违抗。我此番下界一是察看灾情，二是散心解闷。"老僧见龙王爷就在眼前，立即跪倒在地，恳求其施恩行好，布云降雨，普救众生。大汉为难地说："非我不怜念百姓，只是若降雨必犯天条获罪，后果很是严重。"老僧跪地不起，苦苦祈求，大汉终于应允。他交代老僧道："雨过之后盐湖水面将冒出一股红水，请方丈接了此水妥为保管。"老僧满口答应。说话之间但见阴云四起，电闪雷鸣，大雨倾盆而下。老僧惊喜之余，转身寻找大汉，却再也不见踪影。大雨整整下了一天一夜，旱象解除，百姓得救。雨停之后，老僧来到湖边，果然有一股红水从湖底升起。老僧急忙接水装入桶内，严严实实地盖好，置于僧房。一百日之后，老僧打开桶盖观看，只见一个红脸男童从桶中跳出，此童便是日后的关公。（流传于山西运城解州）

二 火龙降生

天上的火龙星是一位善良正直的天神。一天，玉皇大帝命其到凡间放火烧万户村，他见那里的百姓朴实忠厚，辛勤耕耘，一连三次都不忍心施火，最后只烧了村里一户为富不仁、作恶多端的万姓财主回去交差。玉帝见火龙星屡屡违抗天命，欺哄上天，敕令冥王星将其捉抓归案问斩。火龙星在临赴刑场时托梦给他的棋场老友——仙山寺主持老僧，嘱咐其在六月十七日午时用铜盆接住从天庭断头台滴下的血水，密封存放七天七夜，如是，他便可以转世凡间为人。老僧同情朋友的不平遭遇，遵嘱而行，把接的血水用寺内一口大钟严严实实地盖了起来。转眼六天过去了，寺内的几个小和尚等待不及，趁主持不在时抬开大钟，看到盆内的血水已凝结成一个血球，有碗口般大小。小和尚正在惊奇之时，突然一团红云冲起，血球变成一个小男婴。因为还差一天不到期限，血球的血气尚未消完，故而婴孩脸色赤红，如同重枣。此男孩便是日后的关公。（流传于山西晋南一带）

三　草龙转化

很久很久以前，天上玉帝降旨，让解州地面天旱三年。解池内卧藏的一条草龙不忍百姓遭灾荒之苦，便常常兴风作浪，让池水漫及四周，浇灌百姓田野。玉帝闻知小小草龙竟敢与他作对，便下令斩杀草龙，并加重解州灾情，使其六年不雨。草龙托梦给池神庙的守庙和尚，请其从棉田里采摘一团白棉置于神案并扣上大磬，九九八十一天后掀开。和尚遵嘱而行。八十一天之后，和尚掀开大磬，却看到棉团上卧着一个白胖男婴，口里直喊："好热，好热！"和尚用清水给小儿冲澡，直到把庙里的水全都用完，还是无济于事，小儿依旧燥热难解。和尚抱起小儿投入盐池之中，让其在大水里洗个痛快。小儿在池里如鱼得水，翻上潜下，搅得池水波浪四起，溢漫四周农田，干枯的禾苗得到浸润又都茁壮生长起来，六年不遇的解州却因此年年丰收。玉帝闻报此讯，大发雷霆，立派两名天将下界捉拿小儿。小儿在水中与天将搏斗了几个时辰，由于人小力弱渐渐不支，便请求在池边洗衣的老妪相助。老妪将小儿掩藏于围裙之下，又从怀中取出一把芝麻让其吞下。芝麻入腹，小儿疼痛难忍，倒地乱滚，浑身骨骼铮铮作响。痛定之后，小儿已是脱胎换骨，变成一个周身通红的后生。后生正要起身感谢老妪，却见她化作一只仙鹤远翔而去。两个天将转回寻找小儿决斗，却再也不见踪影，棉田里只有一位面如重枣的后生在挥锄除草。这位后生即是日后的关公。（流传于山西晋南一带）

第二节　姓氏传说

相传关公本姓冯，名长生，年轻时是解县宝池里下冯村一个身高八尺、膀大腰粗、知书达理、精通武艺的好后生。解州城里有个财主名叫吕熊，这人仗着他与河东郡守的亲戚关系，平时横行乡里，鱼肉百姓，为非作歹，无恶不作。这家伙还是个出了名的色鬼，经常糟蹋凌辱良家女子。他命人把解州城里的水井全都倒上牛粪人屎，然后填平，只留他家后花园内的那一口井。谁家要吃水，只能让大姑娘小媳妇去打，他坐在花园的凉亭下品茶观望，看中哪个便抢哪个，玩够了才放回家。冬天，他让家丁把井台泼满水，冻成冰，故意把打水的女子滑倒跌伤，他则站在一旁开心取乐。解州城的妇女们受尽了这老畜生的欺辱，有的宁死不从，有的含羞自尽，百姓们恨之入骨。因为吕熊官府有人，谁也拿他没有办法。

对于吕熊的恶行，冯长生早有所闻，只是找不到惩治的机会。一天，长生的同窗好友李生前来向他哭诉：未婚妻前往吕家花园打水被辱，父亲赶到县衙告状，反被打得遍体鳞伤。长

生听罢,气得两眼冒火,一拳砸在桌子上,愤愤地说道:"这个没有人性的东西,不除此贼,誓不罢休!"李生说:"吕熊家丁众多,只怕你一人势单力薄,一旦落入贼手,岂不……"冯长生说:"我志在为民除害,担点风险何惧!"当天夜里,天黑云暗,冯长生身带一柄利剑和李生翻墙进入吕宅,便摸到吕熊的卧室。只见老贼披件睡衣,正在挑逗一位姑娘。姑娘不甘受辱,奋起反抗,吕熊挥舞皮鞭欲打。长生一个箭步窜上前去,举剑直捅老贼心窝。吕熊毙命,长生扶起那位女子,正是李生的未婚媳妇,便道:"你们赶快离开此地,逃往别处过个安生日子。"言毕,持剑又向后院杀去。他将吕府家丁来了个横切萝卜竖切葱,然后放出被关押的女子。直到三更时分,冯长生才提剑出城。他刚出城门,身后灯笼火把一片通明,人声嘈杂,大喊捉拿强盗。长生知道惊动了官衙,快捕差役在后面追赶,他怕回家连累父母妻子,便改变方向,朝西奔去。

解州城向西不足百里便是蒲州府。次日中午时分,冯长生跑到蒲州城南的一条小溪边,后面的追兵离他不过三五里地。他见一位老妇人在溪边洗衣,忙上前施礼问安,欲向老人讲明情况,请求救助。老妇人抬头一看,用手势止住不让再讲,顺手将一件绿袍子披在他的身上。长生正欲弯腰道谢,老妇人却扬手在他的鼻梁上打了一拳,顿时鲜血直流。长生忙用手擦,一下摸了个满脸通红。老妇人按住长生的脑袋,拔下一绺头发。分成五缕用唾沫粘在他的额下,嘴里喊着:"长!长!长!",只见五缕头发很快长成五缕长须。长生正在发愣,追赶的官兵已到眼前。骑马的头目厉声喝问:"老婆子,可见一个白面后生从这里经过？"老妇人不言不语，只是摇头。官府衙役和吕府家丁看了一眼红脸长须的长生，不耐烦地说道："别和这个又聋又哑的老婆子闲磨牙，料他长生不会跑远，咱们赶快往前追！"便一窝蜂似的跑了。

追兵一走，冯长生忙到溪水里一照，呀！白脸变成了红脸，光嘴巴长出了五缕长须，难怪吕家狗腿认他不出，就连他自己亦认不出自己了。他想用溪水将脸洗净，谁知越洗越红越均匀，鼻血竟成了肤色。再看那五缕长须，竟和自然生成的一样。他欲回身向老妇人致谢，洗衣处却早已不见人影。长生心想：事情如此神奇，定是仙人相助了。长生自知家乡是待不下去了，便急忙渡河西去，亡命他乡。他绕过蒲州城，来到大庆关，只见关门上贴着自己的画像，把手兵丁对过往行人盘查甚严。眼前的长生与画像上的长生面目全非，判若两人，兵丁们根本认他不出。长生十分自信的大步朝关门走去。门军拦住问道："你姓什么？"他抬头见关门上悬有"大庆关"的匾额，便急中生智，指着牌匾说："本人姓关。"守军不再细问，就将他放过关去了。

从此，冯长生改为关姓，取单字羽为名，取云长为字。白面后生变成红脸大汉，没毛后生变成长髯关公！

第三节　武艺传说

关羽跟随父亲在张村给一家姓朱的财主打铁造车，每日起五更睡半夜，朱财主还嫌他们干活慢，付给很低的工钱。父亲

忍气吞声，关羽怀恨在心。一日，朱财主又在义同村抢来一个民女强霸为妻，民女宁死不屈，洞房行刺未遂，执刀自尽，关羽见状更加痛恨。就在此夜放火烧了朱财主的住宅，逃往外乡，行至解州社东村风神庙前时，实在是筋疲力尽，便坐在风神庙前稍歇，哪知一坐便睡着了。忽见一条大蟒张着血盆大口向他扑来，关羽撒腿就跑，眼前又有一只猛虎张牙舞爪拦住去路，正在十分危急之时，突然飞来一把匕首，扎中猛虎的咽喉，猛虎倒地而亡。关羽定睛细看，原是一位白眉白发白胡的老者，杀死猛虎又战大蟒。大蟒将老者紧紧地缠住，关羽真有点担心，就在这时，"哗"地一道金光闪过，接着又是"轰"的一声巨响，大蟒拦腰三段，只见老者站立在云头，红光满面微微含笑，关羽赶忙叩头拜谢，高声呼道："长老留步，小民愿拜你为师！"老者慈祥地笑道："愿学艺者，华山见！"说完，一阵清风刮来，老者就无影无踪了。关羽正在发愣，突然，又是"轰隆"一声，风神庙倒塌，砖、瓦、梁、椽齐向关羽的身上砸来。关羽被吓醒，他看了看风神庙，端端正正，又回头看了看天，星斗闪烁，然后又抹了抹头，满额惊汗。心想，梦中老者说华山见，是真是假试试看，他当即动身向华山奔去。

途中，关羽碰见一个名叫巴王的小伙子，巴王说，他也做了一个和关羽相同的梦，去华山找师父。因此两人便结为好友，一路同行。

关羽和巴王走了三天三夜，来到一座山前。人说这就是华山，可他俩半天也找不见一条上山的路，只见悬崖陡壁上有两根藤蔓，一条青藤，一条刺藤。除此别无通道，他俩也只有爬藤上山了。怕刺藤扎手，两人先爬青藤，可爬了三次都没上去。关羽咬住牙忍着痛，抓住刺藤才爬上了陡壁。巴王怕痛转身要回，关羽说："来来来，你抓住青藤，我把你吊上来！"

关羽用青藤将巴王吊上陡壁后，两人又往前行。正走着，眼前又出现一条大沟。沟深无底，沟宽两丈，沟上有两座桥，万把钢刀，锐尖朝上，看了使人心寒。关羽横下一条心，大步跨上刀尖桥，脚被刀尖划破，鲜血直流，巴王看后胆战心惊。

巴王对关羽说："老兄你去，我要回家了！"

这时，关羽在桥头发现两只铁鞋，忙说："这里有双铁鞋，你穿上它过桥吧！"关羽说着将鞋扔过桥，巴王穿了铁鞋，才舒舒坦坦地过了桥。

翻山越岭，上坡下崖。黄昏时，两人行至一个山洞前。洞内是熊熊大火，巴王要绕道而过，可四周全是通天的高山，怪石倒挂，无路可寻。他有些灰心了，也不告别关羽就想偷偷溜走，关羽看出了他的心思，一个箭步跨上去，拦腰抱住巴王，猛地窜入火洞。说也怪，火洞只是洞口有火，跳过火，便是一个金碧辉煌的仙人洞了。两人又往前走了一里许，忽见洞中石墩上坐着一位白眉白发白须的老者，和梦中的老者一模一样。两人匆忙上前叩头，齐声道："师父在上，徒儿叩拜！"老者嘿嘿地笑道："你俩辛苦了，爬的刺藤吧？"关羽道："是！"

"过的刀尖桥吧？"

关羽道："对！"

老者从腰中掏出两包药说："大概你们身上都有了伤，这

是两包神药,你俩每人一包,抹到患处立刻止疼。"

关羽把药抹在手足上,伤口立即痊愈。巴王接住药,假意抹在手足上,哪知,他手足无伤,抹上药后反烧得手足发痛。老者假装没看见,说道:"你们一路辛苦,回房歇息,明天见我。"

关羽和巴王一觉醒来,天色大亮,两人忙在洞中寻找白发老者,四处找遍不见老者的影子。正在为难之时,忽然看见石上有张纸条,上边工工整整地写着几行字:后洞有个泉,泉水流潺潺,两人两副担,将水来挑干。七七四十九,不得有偷懒,心诚水必干,到时咱相见。

关羽和巴王来到后洞,果然有个水泉,泉边放着两副桶担。关羽二话没说抓住扁担就挑水,巴王却撅着嘴,心里说:这么多的泉水哪能挑的干,这岂不是成心捉弄人吗!

挑了一天,人乏了;挑了两天,腿疼了;挑了三天,肩肿了……关羽还是一个劲地挑,巴王心懵了、志衰了,由原来的两满桶水挑成两半桶水,脚步也放得慢了。关羽每天能挑三十担水,巴王每天只能挑十五担,这样一天天地过去,关羽是越挑越有劲,腿软和了,肩硬实了,挑水的次数一天比一天增了。巴王不同,故意把水桶碰个大窟窿,盛满两桶水走不出十步远就漏成了两个空桶。过了一天又一天,到了七七四十九天,泉水还是一个劲地流,关羽还是一个劲地挑。巴王不干了,他找来一个尖石头,塞进泉眼里,泉水果然不流了。关羽不知其中缘故,以为泉水被担干。两人正在高兴,突然,有个道童站在泉前说道:"泉被塞住,师父大怒,要你俩人上山砍树，洞前山坡，长满树木，七七四九，砍完来见师父！"道童说完，两把大刀扔在关羽和巴王面前扬长而去。

关羽和巴王来到洞前，只见山坡上，郁郁葱葱，树木满坡，左边无际，右边无沿，关羽操起大刀，奋力横砍，巴王一脸愁云，但也不敢怠慢，只是砍树时没有关羽的劲头大。一天，两天，三天……腰疼臂酸，手心起泡，巴王灰心了，和关羽商议，嫌太苦，又学不到武艺，想要回家。关羽耐心说服巴王要耐住性子经受考验，师父总有一天会来教我们武艺的。

好容易到了七七四十九天，山坡上的树木并没有砍完，巴王又想出了怪主意，想用火把树木烧光。哪知，第二天一早，关羽和巴王来到山坡前，满坡的树木却全都砍倒了。两人正在惊异，突然，道童又出现在眼前问道："这树全是你们俩砍倒的吗？"关羽忙道："不……"关羽的话还没说完，巴王暗暗捅了关羽一下说："不是我俩还有谁，我见四十九天到了，昨晚一夜都没睡觉……"。

"砍完也罢，砍不完也罢，可不能说假话！"道童打断巴王的话说："师父现在有病，只有老爷岭的毒蛇胆才能治愈，现需一人守洞，一个去取毒蛇胆，你二人谁愿去？"

巴王想，老爷岭路途遥远，毒蛇也很凶猛，弄不好还要丧命，忙说："我愿守洞！"

道童笑道："好，关羽，跟我来！"

关羽跟随道童来到另一个山头，每天练功习武，长进很快，十八般武艺件件精通，和道童对打时，关羽常常取胜。到了九九八十一天，道童要领关羽回洞，关羽怒曰："我跟你学

艺,为战胜毒蛇,取回蛇胆,为师父治病,你不去也罢,我一个人去了!"关羽说完欲走。

"哪里去!"忽然不见道童,白发老者站在关羽面前说:"实话告诉你,取蛇胆是假,传艺是真。"关羽这时心中大亮,随后跟师父一起回了洞。

关羽回来之后,却不见巴王。有个道童告诉他:"自你走后,他整天躺在洞中睡大觉。闷了,上到山里寻梨摘果,九九八十一天,日日如此,他待腻了,觉得到山上来,受了不知多少罪,却没有学到一点武艺,早已不辞而别悄悄地溜到山下去了。"关羽知道后,一直为巴王做人无志而痛心,心理久久不能平静。师父早看出了他的心思,便说:"你别为巴王难过,由他去吧,你已学好,只要戒骄戒躁,继续刻苦锻炼,将来必成大器,你可以回去了。"尔后,又送给他些许银两,作为回家的盘缠。关羽接过银两,谢过师父,就独自下山去了。后来据说巴王下山后当了一个盐工。

第四节 宝剑传说

一 喜得宝剑

关公少年时父母给他起名叫长生。这关长生是个淘气、大胆又调皮的孩子,在村塾读书时经常惹事,老师罚他晚上留在学校看门。一天夜里,关长生睡得正香,忽然被一阵响声惊醒,他睁眼一看,有一条张牙舞爪的青龙撞坏窗栏,将头伸进油灯内偷油喝。这龙头上长着一双龙角,足有三尺多长,好生可怕。关长生则拼着全身力气,使劲往下按,不让青龙抬头。青龙大吃一惊:小小年纪,怎么这样大的力气?它拼命挣扎,只听"咔嚓"一声,一双龙角被关长生齐根掰断,青龙抽身调头,腾空而去。关长生低头看时,哈!两手里抓着的龙头角,竟变成了两柄寒光闪闪、锋利无比的宝剑。剑身缕有青龙花纹,正好雌雄一对。关长生高兴地直跳,给他起名叫青龙宝剑。

有剑无鞘不行。关长生一连几次到集市上都选不下一个合适的,很是生气。这天是清明节,长生身背青龙剑到村庄四周游春。路过城隍庙时,只见庙门前站着一位白胡子老汉在叫卖剑鞘。长生上前选了一把雕有云龙图样,镶着七彩宝石的剑鞘。插进自己的青龙宝剑,不大不小,不长不短,不松不紧,正好合适。他问起价钱,老人言道:遇见识货的,一定是能够为民除害的,我老汉拱手奉送,分文不取。说罢,转身进入庙内,即刻便不见踪影。关长生激动异常,他想:大概是神仙在点化我吧!剑与鞘都是神赐,我一定练好武艺,将来为国出力,为民除害! (流传于山西晋南一带)

二 斩蛇获剑

关公出生在河东解县宝池里下冯村,小时候父母给他起名叫长生。这宝池里北临盐池,南靠条山,风景十分秀丽。传说条山之上有一座名叫"分云岭"的山峰,它像一把利剑一样将浮云分开。这里不但山势高,而且极其险峻,悬崖绝壁,万丈深渊,无人敢攀敢登。分云岭上有一个白云洞,更是深不可

测,洞口寒气逼人。洞内有一条大蟒蛇,经常出没山间,伤害行人,袭击牲畜,闹得人心惶惶。关长生十五六岁时,身高力强胆子大,总想为村民们除了这条祸害,给乡亲们一个安生。一天,他身背一把砍柴的利斧,腰插一柄磨的锋利的镰刀,直奔分云岭而去。关长生攀悬崖蹬峭壁,费了九牛二虎之力,总算接近了分云岭。这时,只觉得一阵寒气迎面扑来,随之便刮起了一阵大风,使他险些跌倒。长生抬头一看,一条碗口粗的大白蟒从远处扑来,头翘起半人多高,毒舌伸出二尺多长。他就地倒身,打了一个滚儿,随即翻身跃起,手执利斧勇猛地向蛇头砍去。白蛇头部受伤,更加疯狂,摆动长尾,欲将长生击倒、缚死。长生从腰间抽出快镰,照准白蛇的肚皮猛力划去,只见白蛇肚子皮肉分开,鲜血直流,抽搐了几下,滚地不动。长生抓住大蛇的尾巴,想把它扔下山谷。他用力一摔,蛇尸不见了,握在手里的却是一柄明光闪闪、锋利无比的宝剑。

关长生好生奇怪,转眼一想,可能这是天赐与我,让我以后为国效力,除暴安良。他对这柄宝剑十分珍爱,决心下功夫攻文习武,日后成为国之栋梁。 (流传于山西晋南一带)

第五节 风物传说

一 赤兔刨泉

距荆州城西三十多里有一座八宝山,山坡上有一股清泉,泉眼状如马蹄,泉水清凉,四季不断,久旱不枯,暴雨不涨。

第三章 民间传说中的关公故事

三国时期,刘备借了荆州,派关公镇守。关公能征善战,打了不少胜仗,这是得益于他身边的两件宝物:一件是青龙偃月刀,另一件则是赤兔宝马。这匹赤兔宝马是天庭下凡的神马,身长一丈几,体高八尺多,毛色火红,四蹄生风,跋山涉水,如走平地,关公十分珍爱。一日清晨,天高云淡,风和日丽,十分凉爽。关公亲自在喂马槽喂过马,又到洗马池给赤兔马洗了澡,正欲遛马回营,马突然一惊,调转头,耳朵直竖,火光冲天。他心里一惊:大事不好,哥哥有难了!正在这时,从西方大道上跑来一匹马,马上跳下一个士兵,神色慌张地报告:"将军,曹操派了几万人马偷袭当阳,主公被困,请你赶快前往解围!"关公紧握大刀,大声说道:"好,队伍马上出发!"赤兔马将身子一摇,正好把缰绳甩在关公手中。关公纵身一跃,端端正正地跨上了马背,向当阳方向奔驰而去。

队伍行至八宝山中,天气突然变得十分炎热。树叶不动,小草不摇,一丝风没有,本来还在东边的太阳一下子移到了头顶。烈日当空,山石变得像火炭,草木变得像烧柴,堰塘干得底朝天。队伍人困马乏,口渴难耐,寸步难行。关公心里十分焦急,他翻身下马,抬头望天:只见一朵乌云恰好遮住了太阳的东半边,当阳方向一片火海,荆州方向一片阴凉。是前进解救刘备之围,还是退回荆州保住平安?看你关公怎样决断。关公想起和刘备、张飞桃园结义时的盟誓:不求同年同月同日生,只愿同年同月同日死。就是我单枪匹马也要解救哥哥突出重围。关公摸了摸青龙偃月刀,又拍了拍赤兔马,然后厉声下令道:"就是火海刀山,千难万险也要赶往当阳,解救出主

公!"他提着刀,牵着马,带头朝前走去。行至半山坡,赤兔马不住地用前蹄猛刨石头,尘土飞起,石块四溅。突然,马蹄之下涌出一股清泉。泉水清澈甘甜,喷涌奔射,顺流而下。有甘泉解渴,倒下的士兵站了起来,卧下的战马竖起了四蹄,石头变凉了,树木变绿了,堰塘水满了,天上布满了云朵,暴烈的太阳变得温和起来。关公重新整顿人马,火速奔赴当阳,击败曹军,救出刘备,后来人们就给这口清泉起名"马刨泉"。

二 磨刀溪石

在川鄂交界的七曜山区,有一个叫磨刀的古老小镇(后改名称"谋道")。一条清清的溪水绕镇而过,这条溪水称作磨刀溪。小镇旁,溪水畔,长着一棵闻名久远的古水杉树,人们都叫它"杉神树"。说来也怪,每到月朗星稀、夜深人静之时,水杉树下,磨刀溪畔,就会传来隐隐约约的磨刀声和马嘶声。每年农历五月二十三日,磨刀溪里的一块名叫"青龙脊背"的大青石上,还会滴出银灰色的石浆。当地人们都说:"明日关将军要去单刀赴会,今晚他正在那里磨青龙偃月刀哩!"

相传,三国时期,刘备和孙权失和后多次交兵打仗,刘备的二弟关公曾领兵路过这里,水杉树下拴过他的赤兔马,青龙脊背石上磨过他的青龙偃月刀。青龙偃月刀在这青龙脊背石上磨砺以后,非但锋利无比,而且经久耐用。后来,关公败走麦城,被东吴孙权俘获杀害。关公虽然身死,但阴魂不散,荡荡悠悠,飘落至七曜山区,依附在这水杉树和青龙脊背石上。这消息很快便被东吴孙权侦知,立即派大将吕蒙带领人马赶来,将这水杉树和青龙脊背石团团围住，声言若不交出关公的灵魂，便将树连根拔起，把石头砸个粉碎。水杉树和青龙脊背石执意不从。于是，吕蒙命令军队向水杉树和青龙石冲杀。岂料不管怎样冲击，兵士总不能靠近大树和大石，百尺之外好像有一道无形的铜墙铁壁挡着。吕蒙命士兵射箭。强弩硬弓，箭如飞蝗，却不能伤大树的一枝一叶，不能碎大石的一星一点。当天夜里，吕蒙士兵的营帐内同时发出一阵惊叫，士兵们都梦见关公怒目圆睁，坐上赤兔马，手提偃月刀，满脸杀气地从水杉树下、大青石旁向他们杀奔而来，并从水杉树和大青石处传来霍霍磨刀声和战马嘶鸣声。吕蒙自己亦有此梦，吓得他胆战心惊，虚汗淋漓。吕蒙料定，这是关公英灵显圣，若再围攻冲杀，必遭灭顶之灾，于是急忙下令拔营起寨逃回东吴。

后来人们为了祭祀关公的英灵，便在水杉树和大青石旁修建一座关帝庙。磨刀镇、磨刀溪、磨刀石的名字亦由此而得。

第六节　书画传说

传说，关羽在解州杀人出逃后，他的妻子胡玥带着儿子关平逃到中条山的一个小山沟里躲藏起来。官兵曾到这里搜查过。但是，每逢官兵来这里搜查时，山沟里就会阴云密布，狂风大作，飞沙走石，雷鸣电闪，暴雨倾盆。官兵因而不得进沟。还有人看见，每当夜里，沟口有五位金甲神护卫，据说那金甲神是天上的五条龙，那地方就叫五龙峪。

胡玥从小跟随她父亲学过医道。他在这里落脚后，常到中

条山上去采集草药，为老百姓治病，当地人称她为娘娘。

关平懂事以后，胡氏就让他识字学文，还让他练武习功。中条山的后山洼里有一块平地，就是关平练武习功的地方，当地老百姓叫它关公坪。

日久天长，关平不但学业有长进，还练就了一身好武艺。

关羽在外边闯荡多年，声名显赫；胡氏听说后，就想叫儿子关平去投奔父亲关羽，征战沙场，取得功名。

胡氏发落关平上路的时候，思忖再三。她既没有书写片纸只字，也没有祝福什么话儿让儿子转告丈夫；只是在山里摘了些杏梅，又折了两支竹枝，叫关平带给他的父亲关羽。

关羽看到儿子关平长大成人，识文会武，非常高兴；又看到妻子胡氏给他的杏梅、竹枝，便明白妻子的一番心意：青梅竹马结连理，忠贞不渝情意长。当然，关羽也是个多情的人，多年在外奔波，如今得悉妻子依然深深地恋念着他，便不由得思绪万千。

触物生情，关羽便挥毫泼墨，绘出了风雨竹画。他在画中，利用竹叶，错综成文，组成了五言古诗二首。

一首是风竹诗：

不谢东君意，丹青独立名。
莫嫌孤叶淡，终久不凋零。

另一首是雨竹诗：

大业修不然，鼎足势如许。

英雄泪难禁，点点枝头雨。

在这两首诗里，关羽既表达了他对妻子的真挚情感，也抒发了他着力功名事业的胸怀。

传说，关羽在临沮遇害以后，胡氏还活着，直到86岁时才去世。胡氏归天时，正是三月三，春暖花开的时节。当地老百姓为了纪念她，就在她带儿子关平避难的地方修了一座娘娘庙，还修了一座五龙庙。每年到了三月三，那里就要举行盛大的娘娘庙会。娘娘庙会上主要交易的物资是山里的药材，所以，娘娘庙会也叫药材会。

第七节　秉烛达旦

关公一生喜读《春秋》，并身体力行，以"身禁重、色禁重、香禁重、味禁重、室禁重"为生活准则，律己教人。这六个"禁重"作何解释呢？声禁重指的是不要过多的听那些缠绵之音；色禁重指的是不能好色纵淫；衣禁重指的是衣着不必太讲究；香禁重指的是不可过分打扮而涂抹脂粉；味禁重指的是饮食不宜太珍贵；室禁重指的是寝宅不必宽大华丽。否则，就会养成好逸恶劳，贪图享受，不思进取的坏习惯，丧失斗志，贻误事业。

刘备与曹操争夺徐州，命关公镇守小沛。刘备兵败投奔河北袁绍，曹兵进围小沛，关公及刘备的二位夫人皆成了曹兵的

俘虏，被带至许都。曹操为了笼络关公，收买其心，对其百般殷勤，赠给众多金银珠宝，绫锣绸缎。关公先是拒之不受，后则接纳封存，点滴不用。曹操三日一小宴，五日一大宴的款待关公，关公则自我节制，从不过量饮酒进食；曹操将关公安置在一宅两院居住，关公把内宅分给老兵，自己则独居外间；曹操请乐师为关公演奏缠绵之音，又派去十多个美女侍奉左右，关公无心听乐，将美女都打发去服侍刘备的两位夫人。曹操无计可施，最后竟将关公与刘备的两位夫人关住一处，且看你关公如何动作。关公始终心静如水，泰然自若，从容不迫地燃起蜡烛，独坐室外专心致志地阅读《春秋》，丝毫没有倦意。曹操知情，不由肃然起敬，心里叹服："关将军，真乃义士也！"今河南许昌市有座"春秋楼"，又称"大节亭"，相传是关公当年秉烛达旦读《春秋》的地方。

第八节　荆州教子

关羽有两个儿子，长子关平，次子关兴。关羽镇守荆州时，两个儿子都跟随在身边。关羽每日里便教他们习文学武。

当阳县王店境内有个黑土坡，据传就是关羽教关平练字的地方。

每天，关平遵照父命，早起晚睡，在黑土坡上刻苦练字。他练完字后，就将洗笔的墨水，从坡下往坡上泼。由于他天天练字，天天往坡上泼墨水，日久天长，那座坡上的土竟被墨水染黑了，所以，才得名黑土坡。

关平勤学苦练,不仅提高了武艺,而且,书法也很有长进。关羽心里很高兴,就挥毫给关平写了十二个篆字:读好书,说好话,行好事,做好人。

关羽的意思很明白,希望自己的儿子能照着十二个字修身养性,处世为人。

当阳县城南三十里的地方,有一个山丘,人称跑马岗。关羽曾在这里教关平骑马。由于他们经常在这里练骑,马蹄把山丘上的野草都踩踏得不见踪影,直到如今,跑马岗还是光秃秃的一个山丘,寸草不生。

在当阳、远安县交界处,还有一个山坡叫关兴坡,关羽曾在这里教关兴学文练武。关兴在关羽的调教下,也成了一名武艺高强的将军。

第九节 收服周仓

周仓是山西平陆西祁人。幼年时,他家里很贫穷,便靠从中条山北的河东盐池贩卖私盐为生。从平陆到河东盐池,隔着一座中条山,来来去去,走的是山间崎岖小道,日久天长,周仓练就了一对飞毛腿,行走如飞;一副铁肩膀,能挑千斤重担。周仓生长在黄河边,经常在黄河里戏水,所以他又有逐波击浪的好水性。

周仓生活在社会的底层,吃尽了苦头。当张宝领导的黄巾起义以后,周仓也组织了一支农民起义队伍,投到黄巾军张宝手下,和东汉王朝的官兵对峙。平陆县对岸黄河边有个黄巾

寨,传说是当年周仓参加黄巾起义时驻扎的地方。

后来,在东汉王朝统治者的残酷镇压下,黄巾起义失败,张宝阵亡,周仓就带小部分兄弟,流落在山林间。后来,关羽从许都出来,千里走单骑,在卧牛山两人交了一仗,关羽虽然武艺高超,却也没沾了光,只是他巧使拖刀计,才将周仓打落马下。

关羽是个爱将的人。他眼见周仓生得虎背熊腰,面如墨梁,形貌伟岸,两臂有力,便有了爱慕之意。因此,他虽然将周仓打落马下,却并不伤害他。

周仓是个争强好胜的人,虽说被关羽打落马下,却并不认输。因为他臂力过人,便声称要比试臂力。关羽笑笑答应了。

关羽看见山坡上落着一只山鸡,便张弓搭箭,将山鸡射死,命令士兵取了回来,说:"好汉,咱们比试掷鸡毛如何?谁掷的远谁胜!"

周仓想了想说:"行!"

周仓寻思,我的力气大,掷羽毛,你保证输。他随即从山鸡上拨了一根毛,把吃奶的劲都使上了,才掷了三五步远。掷的这么近,他心里不服气,便嚷嚷道:"这次不算,我再掷一次!"关羽见他憨厚的可爱,便笑着答应了。周仓这次更是用力,可是,仍然掷了三五步远。周仓只得自认晦气,让关羽掷。

关羽抓起山鸡,拽了一把鸡毛,用那长毛儿一扎,一扬手,就飞出十多丈远。

周仓见了,便嚷道:"不算,不算!我掷的是一根鸡毛,你掷的是一捆鸡毛……"

关羽说:"一捆毛也是鸡毛呀!"

周仓无可奈何,只得认了输。

关羽更加喜欢周仓了,便说:"你武力高超,臂力过人,在这荒山野岭间为王有什么意思?何不走出山寨,跟某去闯荡天下,做出些安邦报国的大事来,也不虚此一生!"

周仓早闻关羽其名,敬慕其人,只是无缘得见。如今到了眼前,果然不同凡响,便当即应允:"我周仓就此跟随关将军,鞍前马后,拼死效力,永不变心!"

从此,周仓就跟定了关羽,给他扛那千斤重的青龙偃月刀。关羽骑着千里赤兔马,驰驱如飞,周仓也紧随其后,马行人走,马停人到,从来没误过事。

周仓为啥能跑得那么快?据说,周仓腿上长有三根毛,靠着这三根毛,他才能健步如飞,紧紧追上那日行千里的赤兔马。

周仓跟着关羽,南征北战,功绩不小。别的不说了,单就拿水淹七军那一仗来说,周仓就立了大功。那时节,曹操的大将庞德驾了一条船向樊城逃去;周仓驾着一条大船从上游急驶而下,迎面将庞德的小船撞翻,庞德落入水中。周仓见了,纵身跃入江中,将庞德生擒上岸,押到了关羽帐前。庞德死不投降,关羽就杀了他。

东吴孙权、吕蒙一心算计关羽,想从他手中夺回荆州。吕蒙知道周仓是关羽的得力助手,为他扛大刀,人称飞毛腿,便想先把周仓弄残了。

吕蒙找了个山西人,和周仓是老乡,叫他去弄坏周仓的飞毛腿。

那个山西人带了些美酒给周仓,两人边喝边聊天。那个山西人骗周仓说:"你这个飞毛腿本应该跑得更快,超过赤兔马,只是你腿上那三根毛碍事,才跑得不快。"

周仓是个实在人,又多喝了些酒,睡意蒙眬,便信了那个山西人的鬼话,取来剃刀,将腿上的三根毛割了。周仓原本想着割了三根毛就可以跑的更快些;哪知道,打那以后,他便再也跑不快,追不上赤兔马了,直到此时,周仓才知道自己上了当,有苦难言。

但是,周仓也是个粗中有细的人。跑是跑不快了,能不能想个别的法子赶上赤兔马?想呀想,终于让他有了法子,那就是走小道,抄近路。当赤兔马驮着关羽奔大道去时,他就走小道,抄近路;所以,赤兔马到哪里,他就能赶到那里,从不误关羽的事。

关羽败走麦城时,周仓奉命死守麦城,以助关羽冲出东吴重围,去往西川。后来,关羽兵败被杀,周仓困守麦城,孤立无助,也就自杀身亡。

由于周仓是关羽的爱将,生前总是追随他鞍前马后,功绩显著。所以,待到关羽死后封神,许多地方建庙祭祀,周仓在关王庙里也总占有一席之位,还是为关羽扛青龙偃月刀。

明神宗万历年间,封周仓为武烈侯。

第十节　魂归玉泉

关羽败走麦城遇难后，一魂不散，悠悠荡荡，来到了当阳玉泉山。山上有位老和尚，法号叫普净。他原本是汜水关镇国寺的长老，后来，云游天下，来到这里。因为看到这里山清水秀，是个修炼的好处所，他就结草为庵，每天打坐参禅。

有天晚上，月明风清，过了三更时分，普净正在草庵中静坐，忽然听到半空中有人大声呼叫："还我头来！还我头来！"

普净走出草庵，抬头仰望，只见空中呼喊的那个人骑着赤兔马，手握青龙偃月刀，虽然没有了头，也知道他是关羽；又见他的儿子关平，部将周仓紧跟左右。普净便将手中拂尘一扬，叫道："云长何在？"

关羽听人唤他，便下马来到草庵前，问道："师傅，您是何人，怎知道云长？愿知道您老的法号！"

普净说："老僧是普净，从前在汜水关镇国寺中，咱们见过面的，您忘了吗？"

关羽这才想起，当年他出了许都，千里走单骑，在汜水关镇国寺下榻。汜水关守将卞喜在寺里埋伏下刀斧手二百余人，想暗算关羽。幸得普净和尚示意搭救，才得脱险。关羽说："前次蒙您搭救，我一直铭记在心。今天，关某遇害身亡，心中不平，亲请大师指点迷津。"

普净说："过去的、现在的一切是是非非，都不必提起了。前因后果也不要再说了。关将军现在为吕蒙所害，就大

呼:'还我头来!'可是,将军您想过吗,那颜良、文丑,以及五关被杀的六将,又该向谁索要他的头?"

关羽听了普净的话,恍然大悟,便一迭声地说:"是了,是了!"于是,他稽首皈依了佛门,魂归玉泉。当地人就在玉泉山为他修建了庙宇,四时致祭。后人在庙前写了一副对联:

赤面秉赤心,骑赤兔追风,驰驱时,无忘赤帝。
青灯观青史,仗青龙偃月,隐微处,不愧青天。

第十一节 决断疑案

关羽成神之后,也参与决断人世间的疑案,惩处邪恶,拯救无辜。有个"木刀救张尚书"的故事说:

张尚书磐石未第时,读书一僧寺。偶游方丈,若有所思。伫立久之,漫以手击僧房门;门隙忽递以钥匙。开之,有美女在焉。女曰:"公泄彼事,彼将不利于公,奈何?"磐石踌躇无计,伏案而思,不觉沉迷,梦关帝云:"尔无震慑,吾当救汝。第取吾像,傍刀紧支方丈扉耳!"磐石如其言。僧归,推门,刀倒断僧首。磐石持以报有司。有司曰:"此必尔所杀,焉有木刀而杀人者乎?"置之狱。帝复示梦云:"尔当白有司,取原刀植于庭,可令狱中当死囚,伏其旁试之,吾自有应也。"有司勉从之。

置多囚于庭,其刀忽倒,竟断一盗魁之首。因大骇异,释磐公。

张磐石在寺院读书,无意中发现寺院方丈的奸情,他很是不安,不知如何是好。关帝在梦中告诉他,将一把木刀支在方丈的房门上。后来,方丈从外边回来推门,竟被木刀砍断了头。官府认定是张磐石行凶杀人,因为他们断定木刀是不能断人首级的,因此,张磐石被关进监狱。后来,关帝又梦示张磐石,让他要求将木刀立在庭中进行试验,果然,木刀突然倒了下来,将一犯有死罪的强盗头目的头砍掉。张磐石因此获释。关帝的这一显灵,惩处了淫僧,搭救了一位无辜的书生。

在关羽故乡也流传有他的一个断案故事:

有一个怀孕妇女在推磨时,突然丢掉了放在磨边的一件白衬衫。因为在那孕妇推磨时,村里的一位教书先生,出于好心去帮忙推了一会儿;因此,女人的丈夫便怀疑是教书先生拿走了白衬衫。教书先生有口难辩,便邀请那个男子去关帝庙打金钱卦。结果,三次金钱卦打下来,教书先生都输了。因此,那男子和村民都认定白衬衫的确是他拿走的。教书先生以"品行不端"为由,遂被赶出了村学,丢掉了饭碗。

教书先生受了这般委屈,心里很不是滋味,便大骂关帝不能明断是非,使他蒙受了不白之冤。后来,关帝告诉他:"不是我不知道你的清白,只是不愿断明。如果当时断明你清白,那男人一定会怀疑他的妻子与别人有奸情,说不准会闹出人命来。我的本意是叫你先受一时委屈,事情终会弄明白,你也会

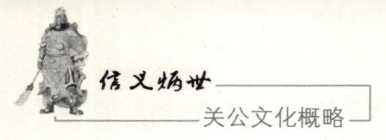

得到洗刷的。"事后不久,人们发现一棵大树上有个乌鸦窝,窝里有个白东西,爬上树去扯下来,竟是那妇女的白衬衫。村里人知道是错怪了教书先生,便又去把他请回村里教书。后来,这位教书先生参加科举考试,功成名就,当了县官。他牢记着关帝断处他与白衬衫一物的慎重态度,因此,断案时十分谨慎,被人誉为清官。

第十二节　征战蚩尤

宋朝大中祥符年间,有一年夏天,正是河东盐池生产的旺季,可是,盐池却阴风森森,天昏地暗,颗盐不生。管理盐池的官吏十分焦急,就到处烧香拜神祈祝祷告。有一天晚上,他在睡梦中见一个青面獠牙的怪物,厉声说:"我是蚩尤,天帝让我管理盐池,产不产盐,得随我的意!"官员醒来,吓得一身冷汗。他知道非同小可,盐池产不下盐,误了朝廷的财政收入,那可要掉脑袋,他便立即报告给皇帝。宋王听了这个消息,也十分发愁。他差人找来护国的张天师,叫他想个办法对付蚩尤。

张天师说:"蚩尤神通广大。当年,他和轩辕黄帝大战时被杀死,血流入盐池化为卤水,供世人食用。如今,他是个精灵,法力无边,我也无法制服他。"

宋王听了,越发的焦急不安。

张天师想了想说:"三国时的关羽,是河东解县常平人,他升天后被封为伏魔大帝。要想降服蚩尤,皇上可以摆设香案，祈告关帝为乡里除害；倘若关帝慈悲，就有指望了。"

宋王就立即命令人摆设香案，亲行大礼，祈告关帝下凡除魔。

第二天，河东盐池上空，乌云翻滚，雷鸣电闪，战马嘶鸣，金戈铿锵，好像有千军万马在对阵厮杀。

原来，伏魔大帝关羽应了宋王的请求，带领天兵天将，来到河东盐池讨伐蚩尤，两家兵马就在半空中杀将起来。

蚩尤魔高胆大，变化多端，手下的妖魔鬼怪也多；而关羽带来的天兵天将却很少。两家兵马对阵多时，只杀得天昏地暗。眼看关羽就要败阵，这时，关羽睁开龙凤眼下界一看，只见田地里有许多农民在歇晌午，他就随即做了一道法，借了这些农民的魂，暂充他的兵，说准午时三刻归还魂灵。这些生力军一参战，蚩尤就招架不住了。蚩尤也随即作法，让他的妖兵鬼将，都变成和关羽统领的天兵天将一样的装束，想浑水摸鱼。关羽识破了他的阴谋，立即吩咐自家兵将都采一枝皂角叶佩戴在身上，做个标记。蚩尤见了，也命妖兵鬼将采树叶佩戴。怎知道，他们采的是槐树叶。又战了一时三刻，槐树叶经不住日头晒，都蔫了。而关羽的天兵天将身上带的皂角叶，依然葱绿如新。关羽随即下令，只杀那些带槐树叶的。不大工夫，蚩尤的妖兵鬼将就败下阵来，纷纷被杀。蚩尤见势不好，心里发慌，正想作法逃脱，关羽策马赶到，飞起一刀，将蚩尤劈为两截。蚩尤的血又滚滚流入盐池，化作了卤水。蚩尤的尸骨随后被收埋在中条山下的蚩尤村。蚩尤村也叫池牛村，后来又改名从善村，有改恶从善的意思。

关羽除了蚩尤,随即将借来参战的农人的魂送到下界去复生。哪知道,由于一场恶战,早已过了午时三刻,农人的身躯因天气炎热,已经腐烂了,他们再也无法还魂复生,只好把尸体掩埋。那个地方叫原王庄(冤枉庄),含有"冤枉"的意思。

事后,关羽觉着很对不住原王庄的村民,就请宋王减免了原王庄村民的课税;还将他从小学会的做豆腐手艺传授给原王庄村民。至今,原王庄人做的豆腐四邻五乡都比不上,最好吃。

蚩尤精灵被伏魔大帝关羽杀死,河东盐池的生产又恢复了正常。因为有这一段传说,后世的盐号都十分敬重关羽,奉祀他的神位,逢年过节都要郑重祭奠。但是,在河东盐池附近的蚩尤村和原王庄,却从来不敬关羽,就是剧团来到这里,所有的"关公戏"都不能演出。

从以上这些民间口头文学中,可以看出,关羽是以人、圣、神等不同的角色出现的。在不同的历史时期,社会对他的认识与评价,总的趋向是肯定与崇敬。在普通老百姓中间,民间口头文学中的关羽形象影响是广泛而深刻的。在某种程度上说,群众自己创作并予以传播的关羽形象,更贴近生活,更加受到群众的喜爱。

第四章　走向神坛的关圣大帝

关羽生前虽然是蜀汉时期一位赫赫有名的战将，曾创下"威震华夏"的功业，位列刘备的五虎上将之首；但是，他生前最高的官职也只是蜀汉的一名"前将军"，最高爵位也仅为曹操表封的"汉寿亭侯"。那么，在他离世以后，能由侯而王，由圣而帝，成为"晋王加帝名天尊"、"兴道佑儒护佛法"的一位全能之神，就其社会与历史原因而言，无非是历代读书人极为敬仰、各大宗派极力推崇和封建统治者不断褒封的结果。

第一节　殁后显圣

在阶级社会中，民众处于社会的底层，他们最大的愿望就是希望社会稳定，百姓安康。而关公作为忠义与勇武的化身，凝聚了民众所需要的那种追求与梦想，于是深受民众的欢迎与喜爱。然而，关羽却因自己的过分正直与孤傲，坠入了吕蒙设计的圈套，落了个兵败麦城，身首异处。这是人们极不情愿看到的结果，必然会引起人们心态上的不平衡。为了获得一些心灵上的慰藉，人们便根据封建迷信的"善恶报应"思想，编造了关公殁后显圣的种种神话，以期在冥冥的幻想之中，为关公讨回应有的公平，并借此寄托自己的愿望与希冀。据统计《三

国演义》中,作者共描写了七个关公殁后显圣的情节。

一、关公之殁:关公麦城突围后,在吴兵前截后追的危急情况下,忽闻空中有人叫曰:

"云长久住下方也,兹玉帝有诏,勿与凡夫较胜负矣。"关公闻言顿悟,遂不恋战,弃却刀马,父子归神。

二、拜师向佛:关公身亡后,阴魂不散,悠悠荡荡,乘云而飞,来到玉泉山上空,与普净禅师进行了一番对话后,于是入庵讲佛法,拜普净禅师为师,后往往显圣,乡人屡感其应,因此在山顶上建庙,四时致祭。

三、骂权索蒙:吕蒙计取荆州后,孙权设宴庆功。宴中:

吕蒙接酒欲饮,忽然掷杯于地,一把揪住孙权,厉声大骂曰:"碧眼小儿!黄须鼠辈!还识吾否?"众将大惊,急来救时,蒙推倒孙权……而言曰:"吾自破黄巾以来,纵横天下三十年矣,被汝奸计图之,吾生不能啖汝之肉,死当以追以其吕贼之魂!吾乃汉寿亭侯关公也"。权大惊,与大小将士慌拜于地。只见吕蒙七窍鲜血逆流,死于座下,众将见之,日夕悚惧。

四、惊吓曹操:东吴惧怕刘备为关公报仇,遂使"移祸"计将关公首级送与曹操。

操开匣视之,见关公面如平日。戏曰:"久不得见将军也!"言未讫,则见关公神眉急动,须发皆张,操忽然惊倒。众将急救,良久方醒,吁气一口,乃顾文武曰:"关将军真天神也!"

五、泣告刘备:关公遇害之后,托梦给在成都的刘备,愿兄为其报仇雪恨。

忽一日,玄德自觉浑身肉颤,行坐不安;至夜,不能宁睡,起坐内室,秉烛看书,觉神思昏迷,伏几而卧;就室中起一阵冷风,灯灭复明,抬头见一人立于灯下。玄德问曰:"汝何人,禽夜至吾内室?"其人不答。玄德疑怪,自起视之,乃是关公,于灯影下往来躲避。玄德曰:"贤弟别来无恙!夜深至此,必有大故。吾与汝情同骨肉,因何回避?"关公泣告曰:"愿兄起兵,以雪弟恨!"言讫,冷风骤起,关公不见。玄德忽然惊觉,乃是一梦。

六、助斩潘璋:关公之子关兴追赶杀父仇人潘璋,天晚迷路,投宿一供养关公神像的老者家中,后潘璋亦来投宿,见关兴在此,回身便走:

忽闻外一人,面如重枣,丹凤眼,卧蚕眉,飘三缕美髯,绿袍金铠,按键而入。璋见是关公显圣,便大叫一声,神魂惊散,转身回时,被兴一剑斩之,取心沥血,到

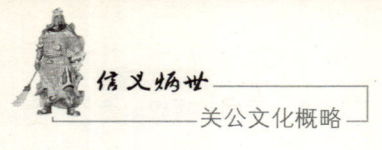

神堂祭祀。

七、临阵救难：在蜀汉之兵与羌胡铁车兵大战中，关兴被越吉元帅追赶，落入水中，正在危难之时：

> 忽听得一声响处，背后越吉连人带马，平白的倒将下来。兴杂水中挣起看时，只见岸上一员大将杀退番兵。兴提刀待砍越吉，越吉跃水而逃。

后关兴苦思良久，拍马向那员大将追去才知是父亲关公。

以上情节，均是虚构，与历史事实不符。不过，关公殁后显圣，并不是《三国演义》的首创。早在《三国演义》成书之前，关公显圣的传说就已在民间广为流传，小说中关于关公显圣的种种描写，可以说是罗贯中根据民间传说进一步整理、加工的产物，比如说关公殁后托梦给刘备的情节就与元杂剧关汉卿的《关张双赴西蜀梦》的情节大同小异。

除了民众对关公附以殁后显圣的故事外，关公的其他精神也在民众中产生非同寻常的效应。

中国古代老百姓的精神世界几乎是被英雄观所统治，关公是人们心目中一位忠勇神武、义气千秋、忠贞不贰的英雄好汉。

三国时，刘、关、张之间譬犹一体，同休共戚、祸福与共的忠诚信任和恩怨分明的义气，在民众中受到极大的推崇。被压迫的人们靠着这种义气来相互扶助，团结一致。如梁山好汉朱武对史进倾心而谈:"(他们)虽不及关、张、刘备的义气,其心则同。"宋江一听说关胜是关公的后代,就千方百计把关胜请上梁山,并愿把自己坐的第一把交椅让给关胜。

另外,关公形象也有鼓舞士气的作用。太平天国的《天情道理书》就以关公为榜样"扫灭世间妖百万,英雄胜比汉关张"。义和团也设关帝像,以神咒形式,祈望得到"关老爷"的神威相助。然而,人们对关公的信仰尚不止于此。在清代,保佑赐福,治病除灾、驱邪避恶等职能均加在关公名下,甚至招财进宝、庇护商贾也非关公莫属。

第二节 各教派的推崇

儒家思想的核心是"礼乐"与"仁义"。"道之以德,齐之以礼。"这是孔子最高的政治思想,孔子想以"礼乐"与"仁义"来规范社会生活的各个方面。

关公一生奋斗的终极目标是"并魏吞吴,匡扶炎汉",使刘氏的汉王朝能够延续下去,昌盛繁荣。这种宗旨完全符合儒家的正统思想。

关公一生追随汉室胄裔刘备,尽忠尽诚,始终不二,"孤忠贯日辉中外,一统扶天绝正偏"。这种精神,正是儒家所倡导的。

关公一生践行信义,"见义必为真勇烈,于心无愧是神明",这种行为,也是儒家所认同的。

凡此种种都说明,关公的思想、行为完全符合于儒家的经

义,因此"儒而圣",在儒家的殿堂中,他能得到推崇,占有一席之位,也是势所必然。

关公被佛教所推崇,始于陈、隋时期,把关公领进佛门的是当时的高僧——智𫖮。

智𫖮,历史上确有其人,他生于公元538年,卒于公元597年,是佛教天台宗的创立者,世称"天台大师",他一生曾创建大小寺院三十五处,度僧4000余人,对佛教事业的发展贡献颇大。隋炀帝杨广在为晋王时,尊称他为"智者",所以,又称智者大师。隋文帝开皇十二年派他到当阳玉泉寺演说。传说,智𫖮在此遇到了关公,关公请智𫖮在玉泉山建立佛寺,智𫖮在关公的帮助下,七日之间,将玉泉寺建成,后智𫖮便亲自为关公授五戒,将他引入佛门,奉他为护法伽蓝神。

关公被道教推崇,是在宋代。

据道家所说,宋徽宗崇宁二年,河东盐池有蚩尤精灵作怪,影响到盐池生产与盐课收入,宋徽宗于是请护国张天师降妖除魔,张天师荐举了死后成神的关公征战蚩尤,结果蚩尤战败,因此,宋徽宗封关公为崇宁真君。道教也把关羽列为他们信奉的神仙之一。在众多的道教宫观中,如北京的白云观、成都的青羊宫、苏州的玄妙观,都有关公的神主、神像。可见,关公在道教中,也是颇受重视的。

第三节 历代统治者的屡屡褒封

在关公从人到神的演变过程中,历代封建统治者对他的屡屡封谥也起到了举足轻重、无与伦比的巨大作用。

据史、志记载,关公初受封建统治者的褒封,始于宋徽宗时期。

宋徽宗赵佶在执政时期,面对外敌入侵,束手无策,只会大兴道术、愚弄人民,于是在短短的24年内,他竟连续褒封了关公四次:

崇宁元年(1102年)追封为"忠惠公"。

崇宁三年(1104年)晋封为"崇宁真君"。

大观二年(1108年)再封为"武安王"。

宣和五年(1123年)又加封为"义勇武安王"。

可看出,关公身后的荣耀不断攀升,封谥很快由侯而公,由公而王,并且由张天师属下的一名神将晋升为"真君"。

南宋朝廷虽避居临安,却仍像他们的先辈一样,对关公倍加眷顾,每每忘不了对关公的封赐。

宋高宗于建炎二年(1128年)加封为"壮缪义勇武安王"。

宋孝宗于淳熙十四年(1187年)加封为"壮缪义勇武安英济王"。

建立元代政权后,除了利用各种宗教束缚人民的思想外,也深谙利用汉人关公的"忠义勇武"来约束臣子,教化民众。

元文宗于天历元年(1328年)封关公为"显灵义勇武安英济王"。

明朝开国皇帝朱元璋在称帝当年,即洪武元年(1368年),着手整顿全国吏治的同时,对神坛也进行了一次大整顿,

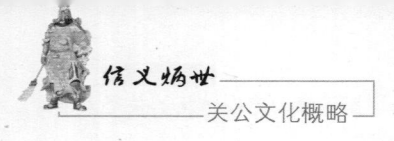

并下诏:"百神之号,皆称初封",这样关公又恢复到原来的爵位"汉寿亭侯"。

到了明代后期,社会矛盾进一步激化,统治者为了管控臣民,使社会安定团结,歌舞升平,对关公也是特封大封:

万历十年(1582年)封关公为"协天大帝"。

万历十八年(1590年)加封关公为"协天护国忠义帝"。

万历四十二年(1614年)加封关公为"三界伏魔大帝神威远震天尊关圣帝君"。

可见,在明代关公不仅由"王"升为"帝",而且由"帝"升成了"大帝",乃至"天尊",其名义和地位都超过了人间帝王,其威权也越来越大,既要"协天护国",还要"三界伏魔"。

到了清代,满族统治者也特别崇敬关公,对关公的封谥,比之前代,更有增无减。

顺治九年(1652年)封关公为"忠义神武关圣大帝"。

雍正三年(1725年)追封关公三代为"公"爵,曾祖为"光昭公"、祖为"裕昌公"、父为"成忠公",并诏令洛阳、解州的关姓后裔,"并授五经博士,世袭承祀"。

乾隆三十三年(1768年)封关公为"忠义神武灵佑关圣大帝"。

嘉庆十九年(1814年)封关公为"忠义神武灵佑仁勇关圣大帝"。

道光八年(1828年)封关公为"忠义神武灵佑仁勇威显关圣大帝"。

咸丰三年（1852年）封关公为"忠义神武灵佑仁勇威显护国关圣大帝"。

咸丰四年（1853年）封关公为"忠义神武灵佑仁勇威显护国保民关圣大帝"。

咸丰五年（1855年）封关公为"忠义神武灵佑仁勇威显护国保民精诚绥靖关圣大帝"。

同治九年（1870年）封关公为"忠义神武灵佑仁勇威显护国保民精诚绥靖翊赞关圣大帝"。

光绪五年（1879年）封关公为"忠义神武灵佑仁勇威显护国保民精诚绥靖翊赞宣德关圣大帝"。

由于清代皇帝的屡次加封，关公的封号长达26字，这在中外历史上实属罕见。

综上所述，千百年来，关公之所以备受后世推崇与敬仰，其原因就在于的他的忠义精神。

就推崇目的而言，封建统治阶级推崇关公，是为了管控人们的意志，希望人们像关公一样，"舍生取义，事君以忠"，服服帖帖地为其皇权帝制效劳。而民众所看重的，则是关公身上那种"不畏强敌、忠心报国"，"义不背本"的精神品质，借以反抗压迫、扶危济困，驱除邪恶，建立平等、自由的和谐世界。

就推崇侧重角度来看，封建统治阶级宣扬和表彰关公的主要是"忠"，即忠于皇帝、忠于一姓，忠于正统，把关公视为维护封建帝王及其统治的表率，忠君报国的楷模。而民众崇敬关公的主要是"义"，即不畏强暴、见义勇为、舍生取义、义

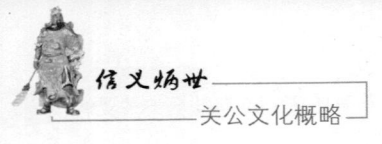

无反顾的高贵品质。

第四节 显灵济世的护佑功能

关公从人到神的演进过程中，与各种教派的极力神化和封建统治集团的大举封谥遥相呼应的是广大民众的崇祀。人民群众没有权力给关公头上加上什么美好的封号，但是，他们也用自己的独特方法，即祭祀膜拜和广泛传播关帝显灵救世故事，来神化关公。

一 降妖护国

关公的神灵最大的威力就是能降服冥冥之中的各种妖魔鬼怪，维护正义，护持正道，驱邪除恶，护卫国家。最为典型的故事就是流传在河东一带的"关公战蚩尤"。

"关公战蚩尤"故事，通过成神后的关公征伐妖神蚩尤，而将他再次诛杀，保障了河东盐池的盐业生产正常进行，使盐课收入不至于亏损，对宋王朝建立了大功，因此，宋代皇帝非常崇敬他。这个故事已在前边的章节中叙述过了，这里不再赘述。

关公不仅能降服冥冥之中的妖魔，而且能够制服人间的外敌，护国保民。嘉定（在今上海）、太仓（在今江苏）在明代都曾遭到倭寇侵袭。据说，当地官民在抗击倭寇入侵时都得到过关公神灵的护佑、帮助。

李钟璜在《嘉定捍倭庙记》中写道：

第四章 走向神坛的关圣大帝

里人唐时升记曰：吾邑当嘉靖癸未（1523年），倭贼蹂藉海上，直逼东门。时未有城，凭土垒以守。门外有仓百间。贼因东门纵火，延及民居；烟焰塞天地，守碑者不能开目。贼遂欲乘之入。县令万公思潜沪神而叩头。语毕，风反。一贼已跃而越壕。民无习弓矢者，相顾丧魂。郡简校张大伦偶以事至，引弓而呼帝曰："帝欲活十万人，愿此箭贯贼喉。"一发，竟贯贼喉以毙。群倭乃骇而退。由是，邑人之事帝益虔。

这就是说，当倭寇从海上侵袭嘉定县时，由于关公显灵护助，保护了一邑十万人的生命安全。类似的制服倭寇故事，在明代的江苏太仓、福建仙游都曾有过。仙游城在嘉靖四十一年（1562年）遭遇倭寇侵犯，群寇攻击城之南门，城内有关庙，关帝显灵，将城门锁住，倭寇攻城不下，便遁退而去。守城官兵去关庙看视，见关帝像满面汗水，好像是才经过战斗一般。太仓县也曾数次遭到倭寇侵掠，城里也有关帝庙。每次倭寇侵袭来时，都见"白雾漫空，如有神户"。百姓都认为是关公的神灵在暗中护卫着此城。到清代，清政府不断用兵于青海、台湾、西藏、四川、新疆等地，镇压当地的起义军或反叛者，清军都称得到关圣大帝的相助，才取得胜利。

日寇侵华战争期间，在山西运城也流传着一些有趣的故事。据说，日寇曾用大炮轰击解州关帝庙，但是，打了许多发炮弹，始终没有击中，老百姓都说是关帝暗中保护。连日寇也认为是怪事，一定是关帝显灵之故，所以，便不敢再予炮击。

日寇占据解州后，据说，有一天日寇驻军司令去关帝庙抽签，询问能不能渡过黄河，直取西安。摇出的签上明明白白地写道："过河不难，兵马死完"。日寇司令一怒之下，抽出佩刀便砍向关帝神像，他刚把刀举起，那钢刀竟然断为两截，吓得日寇司令转身就跑；但是，他没有跑多远就跌倒在地，一命呜呼！老百姓说他得罪了关帝，关帝便惩罚他，置他于死地。后来，日军再也不敢冒犯关帝庙了。

无独有偶，在湖北当阳关陵，也流传着一个类似的故事。日寇占领当阳期间，有一天，一个日寇小队长去关陵，他竟然跨到马殿里关公的坐骑赤兔马背上玩。结果，再也动弹不得。他知道这是关帝惩罚他，便再三祷告，哀求关帝宽恕，并许愿给关帝修庙，才从马背上下来。

二 降服狮精

湖北省蒲圻县境内山高林密。在很早的时候，不知从什么地方跑来了一只修炼多年的狮子精，头大嘴阔，浑身金毛，威风凛凛，十分厉害。他看到陆水河边的景致不错，便想在这里落脚。

狮精想了个坏办法，一嘴将陆水河岸拱了一个缺口。河水"哗哗"流出，河堤很快就崩溃了。河水淹没了大片良田，成千上万的百姓被淹死。

正在百姓惶恐不安之时，它托梦给三老说："只要百姓们在陆水河边给我建造一座金狮观，每年三月三用一双童男童女祭祀，我保证百姓安居乐业。"老百姓无可奈何，只得照着去办。

多少年过去了,不知有多少童男童女死在金狮精的嘴里。

关公死后,赤兔马也被东吴夺去,没有坐骑,一缕忠魂到处飘荡。有年三月三,关帝忠魂来到陆水河边,看到锣鼓喧天,张灯结彩;但又看到每个人的脸上都是阴沉沉的,没有一丝笑容。他觉得很奇怪,便化作一个老头儿,上前问了个仔细,才明白了缘故。他决心制服这个狮精,为民除害。

一天夜里,金狮观周围的老百姓,正睡得香甜,突然被一声巨雷似的响声惊醒,纷纷爬起来看时,只见空中出现了一颗巨大的火球,照得半个天都是通红通红的。再细看,又见一位神将手执青龙偃月刀,跨坐金狮,飞腾而去。大伙这才知道是关公的神威降服了狮精。

消息传开后,逃亡在外地的人渐渐地回来了,果然平安无事。为了感谢关公为民除害的大恩大德,经过商量,把他的塑像供在金狮观内,把他的坐骑塑成了金毛狮子。这就是唯独陆水河边金狮观里的关公像旁边没有赤兔马,而是一具俯首帖耳的金毛狮子的缘故。

三 除瘟消灾

瘟疫是一种祸害百姓生命财产的巨大灾难。据说关帝屡屡显灵,辟除瘟疫,救助百姓。有一篇《山海关辟瘟》故事写道:

万历(明神宗)初,职方员外郎某,掌山海关事。一夕,梦关帝降于庭,语曰:"明日当午,有异色人抵关,载牛头七

辆,不可纳也。"职方敬诺。及明,严饬军士守关,戒毋得妄入商人车。日渐晌午,果有人推七辆车抵关。窥之,皆牛头,与神语符。至晚推回车子曰:"此处不受,合载至西边人吃也。"尘埃一起,已失所在。是岁,西国中犯牛瘟,死者十之七。而蓟镇、燕都畿辅之间,民获无患,乃知神所默佑。

瘟神送牛疫病入山海关,被关帝预先告警,得以免除关内一方瘟疫灾害。这类故事还流传有很多。

传说,关帝还用"三字符谶"在江南辟除瘟疫。那是在清圣祖康熙五年(1666年)四月,大江上有一位摆渡客商的船夫,他虔诚地信奉关帝,朝夕顶礼膜拜。一天晚上,他梦见关帝对他说:"明天晚上有五个人要渡江,你绝不可将他们摆渡过去。如果他们一定要南渡过江,我现在就写三个字在你手上,等他们下船时,你伸开手让他们看一下。"船夫让关帝在手心里写了字,并把这事牢记在心上。第二天晚上,果然有五个人要坐船渡江。待船到南岸以后,船夫就将写有三字符的手伸开向五人一照,那五人当即便无影无踪。船夫打开他们遗留的包裹,发现里面装的全都是南方的册籍。这才晓得那五个人是到江南去传播瘟疫的瘟神。关公在船夫手心里写的是"簫籟籁"。船夫于是到处宣讲这个事。许多人看了这三个字都不认识。但是他们却将三个字照抄下来,贴在门首。凡是贴了这三个字的人家,这一年都没有染瘟疫,由于这般灵验,有的人就将这三个字符镂刻成版,印刷为符谶到处散播流传,"三字符谶"竟然发挥了奇异的功效!

四　保佑科举

封建时代，科考考试关系到一个读书人的仕宦前途。有的学子就虔诚地拜奉关圣大帝，竟然得到他或考前赐题，或临场帮助，从而使他们金榜题名。

有一个《临场然助》的故事写道：

嘉靖（明世宗）间，临江县有禅寺，塑帝像。太史张春未第时，在寺内读书，往来从帝前过，必稽首致敬。遇朔望，必焚香嘿祷。忽有数蜂在帝像耳内结窠，春见之，即为剔去。是夜，梦关帝至其书室中；春屈膝拜迎。帝曰："承汝疗耳，未有以报。子读《春秋》，曾知奥义否？"遂为春讲解数条。春听之，皆发人所未发。自兹以后，每夜梦帝来临。一日，麟经友会友课艺，春以帝所指示结构成文，众阅之，咸赞叹不置曰："是必从秘本得来，愿借一观。"春曰："实无秘本，此关帝教我也。"众笑之，以为妄语。是年，文宗科试，春获高第。及赴秋闱，复梦帝曰："我来辅尔三场。"春在场中作文，笔下若有神助焉。首场合式。二三场有典故未明知，一思维便源源而来。时春卷落在广东霍渭崖春秋房。霍以麟经名世，自许无双。阅春经义，见其议论出群，大奇之。及阅表策，皆秘传语，益大骇。异力呈此卷。遂中式。丁未科会试，亦如乡场神助，联榜及第。殿试后选入翰林，人咸以为敬帝之验也。

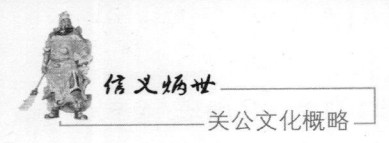

这个故事中提到的张春和霍渭崖（即霍韬）都是明代正德和嘉靖两朝的知名人士。张春在佛院读书期间，由于剔除了关帝塑像耳内的蜂巢，关帝便感谢他，后来在他赴科举考试时，接二连三地得到关帝的暗中帮助。当时以《春秋》治学大家自居的霍渭崖看到他的文章都十分惊讶，极力推荐，张春终于金榜题名。

受到关圣大帝帮助的不仅张春一人。据说，江南淮安府有个叫沈坤的人，平素虔诚敬奉关帝。在皇帝大比之年，沈坤准备去应试。他在关帝像前屡屡烧香叩头，祈求关帝预先赐告考试题目，以便事先做些准备。有一天，他的一个朋友到他家中，正巧见他跪在那里哀求关帝，那人听了，觉得十分可笑，便悄然离去。后来，他的那个朋友草拟了7个题目，偷偷放在关帝供桌的香炉下边。第二天，这个沈坤又去焚香祈祷，突然发现了题目，欣喜万分，声称："这是关帝赐给我的！"他便照着7个题目做了文章，牢牢记在心上。后来，他进场参加考试，主考官出的题目，竟然就是他那个朋友所拟的意在与他开玩笑的题目；沈坤得心应手，做了文章，中了举人。他的那个朋友虽然也与他同时进场考试，却没有考中。沈坤后来还中了状元。

有趣的是，学友之间的一个恶作剧，竟然帮助了沈坤在功名场上绿灯畅开。看来这位沈坤在读书上是不怎么样的人，肚子里没有什么真才实学；否则，他何必预先祈求关帝给他拟的题目？而"光明正大"的关圣帝君怎么会去帮助他考试作弊，使他得到不该有的功名，这不是有悖于关公平生倡行的"光明正大"的主旨吗？大概是这个故事的编造者有鉴于此，所以，就不直说关帝显灵帮助，而由他的学友恶作剧，从而成全了他。

五 招财进宝

中国的诸神之中，有一位赵公元帅。传说他姓赵名朗字公明，秦朝时得道于终南山（在陕西）。道教尊奉他为"正一玄坛元帅"。由于他长得黑白浓须，头戴铁冠，手执铁鞭，身跨黑虎，所以又被称为"黑虎玄坛"。他神通广大，能驱雷役电，除瘟禳灾，主持公道，招财进宝。道教把他奉为财神而流传于世间。因此许许多多想致富、想发财的善男信女都敬祀他。

不知从什么时候开始，关圣帝君也竟然成了财神，而且被称为"武财神"。他取赵公元帅而代之，进家落户，登堂入室，坐到财神爷的位置上享受着祭祀。那些市井上的商贾更是对他崇敬备至。仅以盐商为例，河东盐池的盐商家家都敬奉关帝，这种情况与"关公战蚩尤"的神话故事有关，关圣帝君有"功"于盐池。在四川省自贡市经营井盐业的陕西盐商，在清代乾隆年间于当地修建了一座富丽堂皇的西秦会馆，里面专门建了一座殿敬奉关帝；因此，西秦会馆又习惯被人称为关帝庙。类似西秦会馆这种别称关帝庙（因在会馆内建祠敬奉关帝）的情况，在别的地方也随处可见。

过去，许多商贾在外进行商业贸易活动前，都焚香顶礼祈祷关帝保佑平安无事，交运发财，这是他们极为注重的事。在多数人看来，商贾所进行的祈祷活动重要的意义还在于在心理上得到一种"安全感"，即所谓的"一路顺风"、"平安无事"

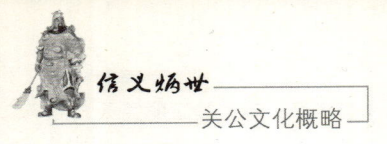

和"万事如意"等等,越是在社会动荡的年代,商贾对"安全感"的期望就越迫切、越强烈;在现实社会得不到时,他们就会去祈求"神灵"在冥冥之中的保护。

即使在现在的商品经济大潮中,一些地方的商贾对关帝这位武财神,也还是十分敬重。据说在广州、深圳等地许多私人经营的宾馆、商店都供奉有武财神关帝像,说是靠他的神灵保护能够发财致富。社会发展到今天,商界一些人,还对关公怀着这样的心态,实在是一种很值得重视、研究的文化现象。

另据有关记载,有位台湾商人第一次来大陆访问时,就到山西运城市的解州关帝庙祭拜了关帝,并默默地祈祷关帝保佑他生意兴隆,财源广开。他回到台湾后,果然发了一笔不大不小的财。他认为这是关帝暗中保佑的结果;所以,他又第二次来到解州关帝庙,更为虔诚地拜祭关帝,了还心愿。

天下有无数的人敬奉关帝,或者到众多的关帝庙中去祈祷过。但是,他们中的许多人尽管想发财致富,却始终艰辛打拼,并没有能够获得很多财富,过上好日子。对这种现象,没有多少人去思考,问一个为什么;倒是对个别的,偶然的致富者津津乐道,广为宣传,认为是武财神关帝关照的结果。

第五节　庙宇遍天下

从宋代开始,迄于明、清,随着民众对关公的日益推崇,随着封建统治者对关公的不断加封,随着关公在神坛的地位越来越高,关庙也在全国普遍建立起来,并且数量逐渐跃居诸神祠之上，为天下之冠。

在元朝，有文书正式记载的全国普遍建立关庙的事实：

> （关公）英灵义烈遍天下，故所在庙祀，福善祸恶，神威赫然，咸威而敬之，而燕赵荆楚为尤笃。郡国周县，乡邑间井尽皆有庙。
> ——元·郝经《顺天府重建汉义勇武安王庙记》

到了明朝，"祠庙遍天下"的记载就更明确了：

> 故前将军汉寿亭侯关公之祠庙遍天下，祠庙几与学宫、浮屠等。
> ——明·王世贞《太仓州修庙记》

可见在当时，关公祠庙与学校、佛塔一样众多。

据统计，清代乾隆时，北京城里的关庙总计有116座，几乎占北京城内全部庙宇总数的十分之一，为京城庙宇之冠；其次才是供奉观音菩萨的寺庙，有108座；再其次，是土地庙和真武庙，各有近50座；最后是火神庙、地藏庵、三官庙、龙王庙、玉皇庙等等，各有约30座。

北京的关帝庙，如果加上郊区、县的数字，应当超过了200座，真可谓是关庙遍北京了。明王朝在宫中宝善门、思善门、乾清门、仁德门、平台之西及皇城各门，皆供奉关公之像。清王朝甚至在"万园之园"的圆明园中，也建造了几座关

庙，可见其影响之大。关公的家乡在山西省运城，据山西省统计，新中国成立前，山西共有关庙1036座。推而广之，关帝庙在全国城乡的数量很可能都是"寺观之最"。值得一提的是，即使是在中国的边远地区如西藏、新疆、黑龙江都建有关庙。其他如香港、澳门、台湾也都建有关庙，尤其是台湾最多，据说，台湾岛内的关庙有千处之多。甚至在国外，关公也受到了崇祀，比如日本、越南、马来西亚、缅甸、印度尼西亚、泰国、澳大利亚、美国都有关庙建筑。可见，关庙的数量真是"庙貌遍天下"了。

天下关庙，地境不一，形制各异，不可胜数，而与关公一生行止直接相关的，在关公的人生中最具有重要意义的，当是四大关庙，即是他"身在当阳，头枕洛阳，魂归故乡"的相关之处。

一　常平关圣家庙

常平关帝庙，又叫关帝祖祠，俗称关圣家庙。位于山西省运城市西南的常平村，距解州关帝庙不过十余里。南面条山，北靠盐池，景色秀丽，环境宜人。

相传，这座庙宇原是关公的故宅，关公从出生到除霸出走前一直生活在这里。关公殁后，乡人因感慕其德，便在此建祠奉祀。该祠创建于隋代，到了金代始成庙宇。此后，随着历代封建帝王逐级加封，乡人对关公愈加崇拜、迷信，庙堂亦随之不断重建和扩建。现存建筑多为清代遗构，规模宏敞，布局严谨，古柏参天，典雅壮观。

在距离常平村一里许的大路上,保留着清乾隆年间所刻"关圣故宅"古碑一通。古代的官员到这里祭拜关公,看见这通碑,文官下轿,武官下马,步行到关帝庙,以示崇敬之意。

大庙之前,"关王故里"的石牌坊,耀人眼目。石牌坊左右,又各竖木牌坊一座,均镌有题刻,东曰"灵钟鹾海",西曰"秀毓条山"。既明确地点出了关公故里及其家庙的地理环境,又巧妙地赞颂了当地的自然风物,一语双关,工巧自然。木牌坊两边,为钟、鼓二楼,对峙兀立,颇有气势。

庙内中轴线自前至后,有山门、午门、享殿、关帝殿(又称崇宁殿)、娘娘殿、圣祖殿等六进殿宇,两侧配以厢房、配殿、回廊,主从有致。在总体布局上,沿袭传统的"前朝后宫"之制。

关帝殿面阔五间,四面围廊,垂檐九脊顶。殿前古柏分峙左右,殿内木雕神龛装饰富丽,关公头戴冕旒,身着帝装,凝神端坐于龙椅上。龛内外侍者四人,恭谦微谨。神龛两旁,悬挂着一副对联:

紫雾盘旋剑影斜飞江海震;
红霞缭绕刀芒交插斗牛清。

作者用极富文学色彩的语言,生动形象地描绘出"神明"世界的缥缈与不凡。

娘娘殿前有垂花门,左右配殿分峙,自成院落。大殿宽、深各五间,重檐山式,前有插廊,内有神龛。关夫人凤冠霞帔

端坐其中，侍者或持帕或握笏，恭身而立。关夫人塑像比例适度，面形清逸，衣饰柔丽，神态自若，在清代塑像中堪称佳作。左右配殿里供奉着关公的两个虎子关平、关兴及其夫人塑像，又称为关平殿、关兴殿。

圣祖殿位居最后，五开间，悬山顶。内供关公始祖忠谏公、曾祖先昭公、祖父裕昌公、父成忠公及其三祖夫人像。像这样的殿宇及供奉情形在其他关庙中是稀有的。

关圣家庙中，还有一座与众不同的建筑。这就是屹立在午门东南隅的八角七层砖塔。据《塔铭》记载，该塔建于金代大定十七年（1177年）。相传，这里原是一口水井，当年关公一气之下杀了恶霸熊虎员外及其家小后，官府四处通缉关公。关家老小及亲族惶恐不安，不得不背井离乡，躲灾避难。而关公父母却因年迈，出逃不便，危急之下，无奈之中，双双投井自尽。后人为了典祭关公双亲，也为了永世作为纪念，便在井上修建了这座砖塔。

除建筑、雕塑外，关圣家庙内的许多奇树怪木也堪为壮观。

娘娘殿前，有棵粗约一合的古桑，看似寻常，其实与众不同。"九五"之尊的"五"这个自然数，在它身上有着巧妙的组合与体现。它有五根碗口粗细的根茎，由树干伸出，明显地裸露于地面，延伸约一米扎入泥土，犹如巨龙的五个利爪，牢牢地把握在大地深处。在树的主干高约五米的地方，不多不少，正好伸出五根粗枝，与地表的五条裸根上下对应，恰似人工有意雕造的一样。还有一个"五"，是这棵古柏的精粹绝妙之处，即每年自春至冬，枝叶繁茂葱茏，花果五开五熟。

当地群众传言，因家庙里供奉关公的五代人氏，而桑树久经关公"神灵"所佑，所以每年都要结出五次果实，象征着关家"五世同堂"、人丁兴旺。

关帝殿前还有两棵古柏，分峙左右，粗约四米，形似龙、虎，人称龙柏和虎柏。龙柏和虎柏也非常神奇。

相传，关公杀死恶霸、逃离家门后，常常惦念着家里的父母妻子。一日夜里，关公做一噩梦，恍惚中看到熊虎员外带领家丁，气势汹汹地去抄斩关家老小。值此危急时刻，突然奔来一条青龙和一只白虎，分别雄踞在他家门口。熊虎员外见状，吓得仓皇逃命，关氏全家获救。关公殁后，乡人为了纪念他，在修建这座家庙时，于关帝殿前栽了两棵柏树，结果，鬼使神差，树愈长愈大，反倒长成了关公梦中所见的青龙、白虎之形。乡人说，这是青龙、白虎的化身，以前它们救了关公的全家，如今又来保护关公。

二 解州关帝庙

解州关帝庙坐落在山西省运城市西南约二十华里的解州镇西门外，占地总面积1.8万平方米，是我国乃至海外关庙中规模最大的宫殿式建筑群，也是国内外保存最好、最完整的关庙之一，素有"武庙之冠"之誉。

据文献记载，解庙创建于隋初开皇九年（589年），宋大中祥符七年（1014年）扩建。明嘉靖三十四年（1555年）毁于地震。再建后又于清康熙四十一年（1702年）毁于大火。

后历经十余年修缮，始恢复旧貌。它南倚巍巍之中条山，东邻浩渺之盐池，湖光山色，秀丽迷人。庙内古柏参天，藤萝披拂，优美的景色和鳞次栉比的殿台楼阁，显得古朴而又壮观。

解州关帝庙建筑布局为两大部分，即结义园和主庙。

结义园，即按"桃园三结义"故事构筑的，位于主庙的南边，与主庙仅一条马路之隔。园门口有结义园木牌坊，园内建有君子亭、三义阁、莲花池，并有刘备、关羽、张飞三结义石刻像碑。结义园与主庙相比较，它的建筑相对来说显得有些简陋。这可能是考虑到其在关帝庙整体布局中处于从属地位，不宜大肆"渲染"，加倍"辉煌"，以免造成喧宾夺主之势。

在结义园与主庙间的人行大道东边，耸立着一座构筑宏伟的"万代瞻仰"石牌坊；西边是一座结构精巧的"威震华夏"木牌坊。

关帝庙的主庙分为三进。一进，是前院。由端门、雉门、部将祠、崇圣祠、钟楼、追风伯祠、胡公祠、鼓楼等组成。

端门亦称山门，上边是由高、中、低三层单檐歇山顶，五踩斗拱构成；下边开一个大门，两侧开二小门。整体建筑给人以端庄古朴，气势肃然之感。从这里走进去以后，便是雉门，也叫大门。大门的东边是文经门，西边是武纬门，三门俨然形成一体。此外，在东边还建有部将祠、崇圣祠、钟楼。其中的部将祠供奉的是追随关羽多年，生死相依的部将周仓、王甫、赵累，亦名三贤祠。在西边建筑有追风伯祠、胡公祠、鼓楼。其中，追风伯祠供奉的是关羽生前的坐骑赤兔马，被明代万历皇帝封为"追风伯"。胡公祠供奉的是关羽的恩师和岳父胡老先生。进入大门以后，便是乐楼，也称戏楼，上边悬挂着一块"全部春秋"的牌匾，大概是喻义关羽一生都在践行着春秋大义！

二进，是前朝，由午门、御书楼、崇宁殿组成。午门在前，面阔五间，进深三间，四周有青石栏围绕。门内两侧原有周仓、廖化的塑像，被战乱毁坏。后来，被用画像补绘在门内两侧的墙壁上，同时还绘有关羽生平事迹图。午门东面是"精忠贯日"牌坊，西边是"大义参天"牌坊。由午门前行，穿过"山海钟灵"牌坊，便是御书楼。御书楼原名八卦楼。清乾隆二十七年（1726年），为纪念清圣祖康熙皇帝为关庙亲题匾额"义炳乾坤"，而改八卦楼为御书楼。此楼面阔、进深各三间，周围环绕石雕栏杆，两层，三檐，歇山顶，前有歇山顶包厦；整体构筑复杂，雕刻华丽。出御书楼便是崇宁殿，殿前两旁分别矗立着铁人、铁塔、铁狮子、铁骑杆。此外，东西还有两个亭子，东面是碑亭，西面是钟亭。

崇宁殿是关帝庙中的主殿。周绕青石栏杆，殿前宽敞的平台上有一张紫铜供桌，一座青铜大香炉，一对大帖鹤。殿的周围有二十六根粗大的石柱，上边雕刻有姿态各异的蟠龙。屋顶为重檐歇山顶，上下均施五踩斗拱。主殿面阔五间，进深三间，周围有回廊二十二间。殿内有关公塑像，头戴王冠，身穿龙袍，俨然帝王模样。塑像上方挂有清朝康熙皇帝亲书的"义炳乾坤"巨匾。而在殿前门上，则悬挂着清乾隆皇帝手书的"神勇"牌匾和咸丰皇帝书写的"万世人极"的牌匾。这几位清代皇帝用他们手中的笔墨对关羽做出了崇高的评价。

三进，是后宫。由寝宫殿、刀楼、印楼、春秋楼组成。

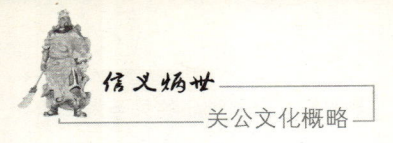

由崇宁殿后跨过一个小门，便是后宫。这里据记载建有寝宫，东西还有配厢，内里塑有关公夫人像以及其子关平、关兴的夫人像。解放战争时期被蒋军烧毁，现在，改建为小型花园，有一座"气肃千秋"木牌坊。坊后，东边建有印楼，西边建有刀楼；最后边便是春秋楼了。

春秋楼又名麟经楼。是一座两层三檐歇山顶式建筑。第二层用吊柱二十六根伸出平座，支撑着上面的整体建筑，而下面却悬空着，不接触任何物件。这一建筑形式被建筑学家誉为构思巧妙、设计合理的"悬空柱"，在我国传统建筑中是极为罕见的。春秋楼内面阔五间，进深四间，周围有迴廊二十二间。沿楼内阶梯登上二楼，楼内暖阁中有关羽夜读《春秋》塑像，形象逼真生动。壁上悬挂有一副楹联：

北斗在当头，帘泊开时应挂斗；
南山来对面，春秋阅罢且看山。

春秋楼的四周有一百零八个窗扇，据说是代表山西省所管辖的一百零八县。

在关帝庙内现还保存历代一流的石刻碑二十三通，题诗、题庙六十余幅，它们从不同的视角记叙了关庙重建、扩建的历史变迁过程，以及对关公一生功业的评说。

在关帝庙的东边还有崇宁宫，早先居住有道士。新中国成立前，有附属八大宫，即内宫、新成宫、永清宫、紫阳宫、万清宫、衍清宫、四圣宫、万寿宫，有道士22人，专司关帝庙内香火、祭祀。新中国成立后，所有道士均还俗，崇宁宫改建为学校。

三　洛阳关林

关林位于河南省洛阳市南14华里处的关林镇，北临洛水，南望伊阙。相传关公的首级埋葬于此，是关公的陵墓兼祭祀庙宇之一。

据《三国志·关羽传》裴注转引《吴历》载：孙权袭杀关公后，惧怕刘备兴师问罪，企图嫁祸他人，"送羽首于曹公，以诸侯礼葬其尸骸"。相传，曹操识破其计，遂刻沉香木为躯，也以王侯礼葬关公于洛阳南门外，即是此地。因此，民间又谚语云：关公"身困当阳，头枕洛阳，魂归故乡"。

关林，很早以前称"关冢"，明代时叫"关夫子冢庙"（或"关王冢庙"），清初名"关帝陵庙"，康熙时又称"关夫子冢庙"，道光时改称"关林"。"林"，指圣人的坟墓。山东曲阜文圣孔子墓称孔林，武圣关公冢当然也该称关林。现在大门上悬书的就是"关林"二字金匾。有人认为，"关林"二字源自于关冢周围蔚然成林的参天翠柏，这是犯了望"景"生义的错误。

很久以前，关林只是一堆封土。据相关史料记载，明万历二十一年（1593年），在关冢前建坊，二十四年（1596年）建庙，并植柏树数百株。清乾隆五十六年（1791年）扩建，始成现在的规模。

现在的关林，占地百亩，规模宏伟。主体建筑七重：大

门、仪门、拜殿、大殿、二殿、石坊，最后是墓冢。庙内古柏参天，葱茏成荫。极目远望，殿宇上的琉璃瓦闪闪发光，与苍松翠柏相映生辉，为古都洛阳的一大游览胜地。

大门为五开间三门道硬山式建筑，两边有八字墙，门额上悬挂金字匾额，上书"关林"二字。朱漆大门上镶嵌着成排成行的金色乳钉，这是封建等级制度的标志。正门上共九行，每行九个，共八十一个。有人说，蒙古、满族赠献之礼，以九数为贵，至多为九九，凡献寿祝年，臣下贡物，多为九九，以取吉祥之意。亦有人说，除天子之外，官分九品，乳钉之数则是品级的标志。

大门东西两侧有三门道石坊一对，宽九米，高六米，建在砖筑高台上，坊额上题："刚健中正"、"博厚高明"、"允文允武"、"乃神乃圣"。坊柱上题联四幅：

义存汉室丹心耿；志在春秋浩气长。
诚则无二无杂；气也至大至刚。
千秋义气蒸尝远；万古英风俎豆新。
劲气常摩星斗；精忠直薄云天。

大门对面是一座专为祭祀关公时演戏用的舞楼，每年的正月十三、五月十三、九月十三举行大会，都要在台上演戏。

仪门，取"有仪可象"之意。正门额上有慈禧太后题匾"威扬六合"。六合指东、西、南、北、上、下六方，意思是说，关公的声威扬于天下。仪门两侧的壁上镶嵌着两块刻石。

左侧为"关圣帝君像",相传为宋代名将岳飞为缅怀关公的勇武与忠义而作;右侧是"关帝诗竹"。

由仪门去拜殿,是按帝王宫殿修建的甬道。甬道由石雕板护围,道旁还有缠龙华表和钟、鼓楼。

拜殿,又称"启圣殿",是每年举行祭祀时百官僚属拜谒的场所。内存大刀一柄,长3.5米,相传是关公使用的青龙偃月刀。拜殿下悬挂着匾联,上有"乾隆御笔之宝"印墨。匾书为"声灵于铄",联书为:

翌汉表神功龙门并峻;扶纲伸浩气伊水长流。

拜殿西墙上镶嵌着《奉敕赐重修关林颂》刻石,记述着八国联军进北京,光绪和慈禧逃难途中,并莅关林庙瞻礼拈香的经过。

大殿与拜殿紧接,面阔七间,进深三间,庑殿顶上,五脊横立,六兽扬威。四檐角饰以庞涓、韩信、罗成、周瑜四神将,悬以铁马金铃。檐下斗拱繁华,彩饰夺目。殿内原有关公坐像,关公头戴十二冕旒帝王冠,身着锦绣龙袍,丹凤眼,卧蚕眉,面色赤红,美髯齐胸,端严正坐。左有按剑关平,右有持刀周仓。两侧又有侍者四:王甫、廖化和后人所奉献的左丞相陆秀夫、右丞相张世杰,令人望而生畏。可惜塑像被毁,值得庆幸的是,大殿正门上关公事迹的明代木刻浮雕还完好无损。这组浮雕表现的故事是:桃园三结义、三英战吕布、斩车胄、斩华雄、斩颜良文丑、斩蔡阳、三顾茅庐、挑锦袍、水淹

七军等。生动的图案，精湛的刻技，再现了关公生前传奇般的战绩。

接下去是二殿、三殿。二殿为五开间庑殿顶建筑，门上悬挂着光绪皇帝的题匾："光昭日月"。前檐下绘有关公故事画。殿内塑有"关公怒视东吴戎装坐像"，身着绿袍，外露铠甲；头戴纶巾，足穿战靴；蚕眉紧蹙，怒目视向东南（东南，意指三国吴地）。关帝坐像两侧，关平捧印在左，周仓在右，仪态逼真，气象威严。

二殿左右，各有一座三间的硬山式建筑，称为配殿。左为"张侯（飞）殿"，右为"五虎殿"。殿内塑像不存。

三殿又名"寝殿"，殿内原有关公读《春秋》像、出行像和睡像。可惜像亦不存。

寝殿后是石坊，正额题"汉寿亭侯墓"五字。坊后有八角碑亭，亭内石碑高五米，雕龙碑帽，龟趺碑座。碑面正书"忠义神武灵佑仁勇威显关圣大帝林"十五个字，碑阴为清康熙五年（1666年）《关圣帝君行实封号碑记》，叙述了关公的生平事迹，以及封号建庙等情况。碑后为巍然屹立的关冢。

关冢占地二百五十平方米，封土堆高十米，登上墓顶，回顾关庙，只见七重建筑排列在南北向的中轴线上，高低参差，层层递进，在古柏簇拥下，一派森严景象。墓冢外用砖筑围墙圈砌，围墙上有康熙四十七年（1707年）修筑的石墓门，额题"钟灵处"，联为：

神游上宛乘仙鹤，骨在天中隐睡龙。

石门上有圆洞四个，新中国成立前到庙内来进香祈福的人们，都要虔诚地把铜钱投入洞中，可听到"哗——当"的响声，以预兆祈祷得灵。

四　当阳关陵

关陵位于湖北省当阳县城西北 6 华里许，系关陵墓所在。陵园面临沮水，四望平旷，风景幽丽。

据史料记载，东汉建安二十四年（219 年），关公与孙吴交战，败退于临沮，悲壮遇难。孙权将其首级送至洛阳献给曹操，同时以诸侯礼葬其尸骸于此。

当时此陵仅具土冢，南宋淳熙十年（1183 年）始建祭亭。元至元中（1335—1340 年），增建墓道、墓门。明成化三年（1467 年）创建庙宇，其后每每重建、增建。

陵园内现有建筑十五栋，一百五十余间，占地两千多平方米。中轴线上，主体建筑有神道碑亭、石牌坊、三圆门、马殿、拜殿、正殿、寝殿。其他附属建筑，如钟楼、鼓楼、春秋阁、启圣宫等排列在中轴线两侧，主次分明，错落有致。正殿高达十六米，巍峨耸立，是整个建筑群的中心。殿前门楣，悬有清同治皇帝御题的金匾"威震华夏"。整座庙宇，楼阁参差，殿堂森严，丹垣环绕，规模宏伟。墓冢在寝殿后面，高七米，方圆七十多米。墓周石栏板上雕刻着二龙戏珠、丹凤朝阳，以及花、草、马、鹿等各种图案，还立有几十个僧人雕像，俨然卫士，四周把守，陵墓上古树遍布，挺拔苍劲。

这里还保存着许多清、明两代的名人碑刻，其中尤以明代

文学家袁宏道、袁中道兄弟所作之诗文石刻为佳。

另外，当地民间还流传着许多当阳关陵的传说，优美神奇。

相传，关公败走麦城，在回马坡遇难后，身子被赤兔马驮往当阳，至玉泉山顶上大喊三声："还我头来"，拜请法师普净和尚再生之法，普净无能为力。关公不得再生，便辞别普净而去，寻找葬身之处。当云游到长坂坡西四五里的古漳乡时，忽闻天上太白金星说："关将军，此为五阳之地，你何不在此安寝呢？"关公见这里一展平阳，鱼肥米香，面山环水，古柏拥翠，便按下云头葬于五阳之地。所谓"五阳"，即身困当阳，脚蹬汉阳，手垂沔阳，头枕洛阳，脸朝太阳。

关公归神的传说也源自于此。据说，孙权将关公的尸骸配以沉香木雕刻的首级，用金丝楠木做棺椁，以铁链悬空吊于墓宫。墓宫内塑金童玉女分立两旁，守卫棺椁。墓宫四角存放四口大缸，分贮米、盐、油、水，供关公神灵食用。每日黄昏，有一和尚进墓掌灯，墓内如昼通明。过了很久很久，米吃完了，盐用完了，油点干了，水喝尽了，灯也熄了，墓宫内一片漆黑。一日黄昏，和尚照例进去掌灯，划亮火柴一看，吓得冷汗直冒。定睛一看，只见棺椁上一条金花老龙，两只眼睛像灯笼，闪着绿光，那对金童玉女也变成了两条小蟒在墓壁游动。和尚急忙退出门外，将墓门封得严严实实。

说来也巧，正当和尚把墓门封死时，忽然一阵狂风吹得墓顶古柏哗哗作响。一道青烟直往上冲，上杵齐天，下杵至地。人们说，关公归神，又变成金花老龙上天了。

在当阳关陵，游人倘若细细观察便不难发现，关陵的树木有三怪：一是无头，所有的树梢都断了，弯曲生长，传说这是关公遗骸无头的缘故；二是周围的古树尽作拱向之态，一致向陵墓倾斜，故称"百龙捧圣"或"百鸟朝圣"。三是垣墙内外的树木迥然有别，虽只一墙之隔，但内郁外秃。难怪人们说："当阳关陵乃神地也"。

第六节　隆重的祭祀活动

祭祀，据《说文解字》，祭：祭祀也，从示，以手持肉也；祀：祭也，祭不已也。原始时代，人们认为人的灵魂可以离开躯体而存在。祭祀便是这种灵魂观念的派生物。最初的祭祀活动比较简单，也比较粗糙。人们用竹木或泥土塑造神灵偶像，或在石岩上画出日月星辰野兽等神灵形象，作为崇拜对象的附体。然后在偶像面前陈列献给神灵的食物和其他礼物，并由主持者祈祷，祭祀者则对着神灵唱歌、跳舞。进入文明社会后，物质的丰裕，使祭祀礼节越来越复杂，祭品也越来越讲究，并有了一定的规范。

关公正式跻身于封建王朝的祭祀行列，大概开始于宋徽宗统治时期，这与封建统治者对关公的褒封是密切相关的。

《宋史》记载，宣和五年（1123年），关公被加封为"义勇武安王"后，从祀于"武成王"庙，这是目前见到的"祀"关公的最早史料。

到了明代，关公由"从祀"升级到了"专祀"，祭祀关公

的典礼也日益隆重。

据《明史》记载，明世宗在嘉靖年间钦定五月十三日为关公生日，因为关于关公的诞辰，史书上没有确切的记载，明世宗之所以确定关公的诞辰，可能就是为了便于祭祀的缘故。

明世宗不仅是有史以来第一个正式钦定了关公生日的皇帝，而且还第一次特为关公制定了祭祀典礼的规格与内容。他明文规定：京师关庙，每年五月十三日，用牛、羊、猪各一头，果品五件，帛一匹，遣太常官去庙行礼，敬祝关公生辰，四季及除夕，另遣官祭，国有大事，必告关庙。解州关庙，以四月八日，九月十三日为祀期，但从国家的祭祀等级看，因属"小祀"之列，故不用牛，其余如京师。

随着关公地位的升高，至明万历年间，巡抚吕坤酌定了解州关帝庙规格更高、内容更为详细的祭祀典礼，同时还有祝文。进入清朝以后，"祭关"活动的规模有了进一步扩大，规格也有了进一步的提高。清世宗雍正三年，京师增春、秋二祭，变原来的一年一大祭为一年三大祭。雍正五年，又定祀仪。解州关帝庙由州守主祭，每祭皆有祝文。

清高宗弘历就曾于乾隆九年（1744年）正月，特颁了解州关帝庙正殿与崇宁殿的祝文，曰：

> 惟帝浩气凌霄，丹心贯日。扶正统而彰信义，咸震九州；完大节以笃忠贞，名高三国。神明如在，遍祠宇于寰区；灵应丕昭，荐馨香与历代。屡征异迹，显佑群生。恭值嘉辰，遵行祀典。筵陈笾豆，凡奠牲醪……

清朝后期,"祭关"典礼达到了极盛。咸丰三年（1853年）,关公正式跻列"中祀"。祭关要"行礼三跪九叩,乐六奏,舞八佾,如帝王庙仪式"。

在封建王朝的统治时代,对关公隆重的祭祀活动,是统治者对关公崇敬的必然结果。官方的活动不仅代表他们自己的心理趋向,也是引导平民百姓趋同的政治需要。至于民间祭祀关公的活动,则没有这么大的声势。他们的贡品朴实、礼仪简略,平民百姓以他们自己的方式祭祀他们心目中的这一尊神。

下编

第五章　关公崇拜与中华文化

　　关公,作为三国群雄争锋时代叱咤风云的战将,生前为将为侯,死后却被封王封君、称圣称帝,登上中国神坛,罩上神中之神的光环,被奉为万能的华夏第一神,以致"庙食盈寰中,姓名走妇孺"。千余年来,为历代统治者和百姓万民上下共仰;从华夏神州到东瀛海外,中外同奉,成为世人尊崇的偶像,形成了内涵丰赡、覆盖面极广的关公文化现象,为史所罕见。

　　历稽二十四史载籍,中华名将如云如雨,不胜枚举。即在三国争雄时代,与关公同时而被称为万人敌的名将亦以数十计,仅以勇武而论,广泛认同的定评是:"前三国吕布,后三国赵云。"然则,何以唯独关公为史家颂为"古今名将第一人",为世人"仰之如日月,畏之如雷霆",以致"显当时而神后世,耀光炳灵,赫著千载"?

　　在历史兴亡的中国战史上,辅佐君王横刀立马、创建天下者有之,功勋盖世者有之,精忠报国者有之,帝业大成晋爵封号为侯、为公、为王者有之,但多在当世,如关公死后为历代王朝屡予谥封者则史所未见。这些异乎寻常的史实成因,时有论者断言为封建王朝愚民的统治手段,或是少数民族入主中原借封谥关公以笼络汉族人心,软化汉族反抗的一种策略。这样

对神化关公这一史所罕有的历史现象的判断未免过于草率和片面，如此阶级标签式的分析，是无助于廓清历代王朝神化关公的迷障而昭示其实质真义的。

第一节 社会各界与关公崇拜

一 民众对关公的崇拜

毋庸置疑，民间是关公崇拜的源头。民间大众的关公崇拜，一方面是崇敬关公人格，把关公优秀品德作为自己立身处世的榜样和处理人际关系的准则。关公亡命涿郡前的仗义行侠、桃园结义后对刘备的忠贞不贰、华容道释曹时的揣情重义、威震华夏时的绝伦神勇等，正是平民百姓所追求的精神偶像的品质。另一方面是崇拜关公的神格力量，企盼关公的神灵护国佑民，带来风调雨顺的丰收年景，保佑每个家庭都过上康宁富贵的生活，保佑每个人都心有所盼，愿能成真。然而，社会地位的低下与对不公际遇的无奈和愤懑，使他们产生借助外来的精神力量改变现实、改变命运的心理需求。于是乎，主持正义、惩恶佑善、法力无边的关公自然地受到百姓的爱戴和尊崇，并逐步走上大众顶礼膜拜的神坛。

民间大众的关公崇拜，见于文字记载的，主要来自三个方面：一是民间传说故事对关公的神化；二是民间集资修建关庙的增多；三是以祭祀关帝为发端、逐步演变为关公庙会等民俗的形成。

第五章　关公崇拜与中华文化

隋唐之时，民间的关公崇拜逐渐活跃起来。民间传说中关公形象日益突出与丰满，而不再与其他三国人物相提并论。唐段成式《酉阳杂俎》记录有这样一则传说：

> 武宗之元年，戎州水涨，浮木塞江。刺史赵士宗召水军接木，约获百余段。公署卑小，地窄不敷用，因并修开元寺。后月余日，有夷人逢一人如猴，著故青衣，亦不辨何制，云关将军差来取木，今被此州接去，不知为计，要须明年却来取。夷人说于州人。至二年七月，天欲曙，忽暴水至。州城临江枕山，每大水犹去州五十余丈。其时水高百丈，水头漂二千余人。州基地有陷深十丈处，大石如三间屋者，堆积于州基。水墨而腥，至晚方落，知州关虞藏纪及官吏才及船投岸。旬月后，旧州地方干，除大石外，更无一物。惟开元寺玄宗真容阁去本处十余步，卓立沙上，其他铁石像，无一存者。

关将军派一猴人来采木，运木的方式则是依靠洪水波涛，"关将军"已经有了一定的神秘色彩。通过平民百姓的口碑传颂，英雄故事逐渐演绎为带有神秘性质的民间传说，流传至今的大量关公传说就有"南海龙王转世"、"关公借雨"等。

宋元时期，民间对关公的崇拜之风进一步得以发展。其一，关公的民间神话传说增多，如"李若水受关公显灵赴靖康之难"、"关公神方疗疮"、"关公转世岳飞"等等。其二，在城市文化迅猛勃兴的带动下，市井俗文学肇始发轫。"说三

分"、戏曲、皮影等艺人们在搜罗采集正史、民间传说的基础上,创作了许许多多的有关三国的艺术作品,使关公神奇故事在市民阶层广为传颂与流播,关公的忠义神勇引起了更为广泛和强烈的共鸣。张耒《明道杂志》记载:

> 京师有富家子,少孤,专财,群无赖百方诱导之。而此子甚好看弄影戏,每弄至斩关公,辄为之泣下,主弄之且缓之。

这段故事生动地反映了当时人们对关公的敬重和情感上的认同。著名话本《三国志平话》的出现,使关公系列故事和关公艺术形象基本成型,加之元杂剧的进一步烘托、渲染,关公在大众心目中日益成为"忠义绝伦、神勇无敌"的楷模和典范,继而极大地推动了民间对关公的景仰和尊崇。其三,民间祭祀更趋广泛,且逐步习俗化。宋元时代,关庙的大量出现给平民百姓提供了祭祀方便。《宋会要辑稿·礼二十》在记载当汉阳汉寿亭侯祠时说:"邑民疫疠,必祷侍僧以给食。"百姓出于对关公的崇敬,也开始自发捐资创建关庙。金大定十七年(1177年),解州乡民王兴捐资修葺常平家庙的关王祖塔;元大德十年(1036年),洪洞县乡民苏汉臣募资创建关王庙;延祐中,大同县商贾立关帝祠于丁字街。当时,祭拜关公的日期逐渐固定下来,祭祀礼仪也十分隆重。据郝经《汉义勇武安王庙碑》所记:"夏五月十三日,秋九月十有三日,则大为祈赛,整仗盛仪,旌甲旗鼓,长刀赤骥,俨如王生"就充分印证了这些情形。

明清时期，由于皇家的推崇、宗教的流传、商人的参与、文学艺术的渲染，民间对关公的崇拜遂达到高潮。关公的神话传说层见叠出，仅明清时《解梁关帝志》就收录有建玉泉、破蚩尤、勉忠良、救水厄、恤贞孝、佑忠义、全仙游城、显圣杀寇、关夫子讲学等传说。关于民间崇拜的广泛之程度，恰如方孝孺《关王庙碑》所云：

> 古之享天下万世祀者，必有盛德大烈被乎人人。其或功盖一时，名震一国，祀事止于其乡，而不能及乎远。惟汉将关侯云长……穷荒远裔，小民稚子，皆知尊其名，畏其威，怀其烈。

关公在民众心目中成为无所不能的神灵，以至于抗御水旱、消弭战乱、科考举士、求取功名、官司诉讼、打卦算命、习武练功等等都求助于"关圣"；惩恶扬善、扶危济困、打抱不平、伸张正义等，藉"关圣"庇佑也可如愿以偿。纪昀《阅微草堂笔记》卷六《滦阳消夏录六》载，乾隆十七年（1752年），江南乡试，一士子在三月初一日，吃斋沐浴祈祷，请求关公指示试题，"得一签曰：'阴里相看怪尔曹，舟中敌国笑中刀。藩篱剖破浑无事，一种天生惜羽毛。'是科《孟子》题为'曹交问曰：'人皆可以为尧舜'，至'汤九尺'，应首句也；《论语》题为'夫子莞尔而笑曰，割鸡焉用牛刀'，应第二句也；《中庸》题为'故天之生物，必因其材而笃焉'，应

第四句也。是真不可测矣。"《神钺记》记载说,嘉靖三十七年(1558年),"京师正阳门外帝之庙素称灵赫,有王姓者持钱乞签,卜杀其母,亦即昏眩,大呼伏地云:'帝缚我,帝缚我,欲尔尔。'逻者以其事闻上,命送大理狱。"全国许多乡村,每遇干旱,往往求助于玉皇、龙王和关帝,这种"乡俗"甚至影响到了官员和皇帝。据《清文宗实录》载:咸丰四年(1854年)五月,因京师"入夏以来,尚未得雨",十九日,咸丰帝亲到天坛和关帝庙上香行礼祈雨,"即于是日酉刻,浓云密布,雷电交作,大雨滂沱"。

明清时期,由于皇家的大力倡导,全国各地普遍兴建了关庙,其中省府州县关庙主要为官修或官修民助,而乡镇村关庙多为民间集资修筑。这方面的事例在各地的方志中均有记载,不胜枚举。与此同时,各地为祭祀关公举行的关帝庙会也逐渐增多,且日益隆重。庙会除了迎祭神祇,还进行名目繁多、种类庞杂的曲艺表演和商货交易。最常见的是农历五月十三日,相传这一天是关帝诞辰,是日全国大多数关庙都要举行庙会。清同治湖南《巴陵县志》载,五月十三日,"乡中多相率为'关帝会'祭神者,古传是日为关帝生日也。"嘉庆《宁夏府志》云,五月十三日之前一天,"备仪仗迎神,前列社火,周游城中"。四川道光《万州志》载,五月十一日,军民迎关夫子出游。十三日,集庙中,具醴酒,备牲仪,祭毕会饮,谓之"饮福"。云南《宜良县志》记载:"五月十三日庆祝'关帝诞',编竹贮香,饰以五彩人物、花卉,新奇工巧,高二三丈,大可以围,约三四对,名'三香会',又迎合阁彩亭,乡幡珠盖。自十三至十八演戏敬神,始燃大香,观者如堵,称盛会焉。"北京十里河关帝庙在广渠门外,"每至五月,自十一日起,开庙三日,梨园献戏,岁以为常"(富察敦崇《帝京岁时记》)。

相传六月二十四日是关公的受封日,全国不少关庙也举行庙会活动。北京十里河关庙六月二十四日的"赛会",届期"鞭炮之多,与新年无异"。湖北武汉,六月二十四日有"关王会",其中演剧迎赛为最盛。有一首诗专门描述庙会的盛况说:

> 争将故事演新妆,
> 枷锁高跷亦太狂。
> 赤日烧空人泛蚁,
> 年年六月赛关王。

四月十八日也是祭祀关公的时间。辽宁《新民县志》卷十八"礼仪民俗"载,该日即为县城关帝庙"香火会期。届期,赴会红男绿女,概不乏人"。

吉林西安县城东山根关庙,每年四月十八日及二十八日,"村妪乡童络绎焚香祝祷"。

清乾隆时期,山西运城解州关帝庙庙会已具备相当大的规模和影响。庙会每年两次,会期一个月,时间为农历四月初八、九月初九。每逢会期,商贾云集,达官荟萃,游人如织。经商的、卖艺的、开店的、唱戏的,七十二行各显神通,热闹非凡。蒙古的皮货、马匹,四川的药材,湖北的竹木器具,浙

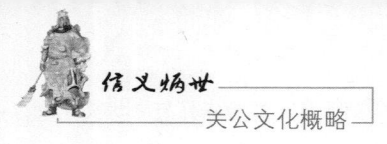

江的丝织绸缎，景德镇的瓷器等，四方货物云集一市，进出马帮络绎不绝，叫卖声此起彼伏，市场上人声鼎沸，月余不衰。

除四月初八、九月初九外，每年六月二十四（诞辰）、九月十三（忌日）、五月十三日，乡民们都要前往解州关帝庙和常平村关圣家庙举行盛大的祭祀活动。这种祭祀活动大致有两种形式：一种是以一村、一社或者一族（同姓者）为一伙前往关庙祭拜，祭品由村社购置，或摊派分户制作；祭典由村长、社首、族长主持（主祭）；所用锣鼓仪仗均专门训练，敲打套数、排列秩序颇有讲究；献演的戏剧有的出资聘请专业班社，有的是本村社的"家戏"登台。乡民们称这种祭祀为"公祭"。另一种是一家一户祭拜，由家长、户主主持，仪程相对简单，有的前往关庙进行，有的在自家正屋神位挂关公圣像，焚香祭祝。

此外，还有正月、三月祭祀关帝的。如贵州安平县，每逢正月十三日，"羊场河等寨迎关圣帝君"；正月十八日，车头等寨迎关圣帝君，"皆新衣、锣鼓、花爆、旗帜，男妇老幼沿途塞巷，观者如堵墙。余村则鸣锣击鼓，歌唱为乐"（道光《安平县志》）。云南建水县也在正月十三日"祀关帝"。清光绪广东《海阳县志》载，三月有"关帝庙会"，"各乡都又次第踵行"。

民间自发的、家庭式的关公崇拜更为普及。明代大儒李贽在《关王告文》中写道："盖至于今日，虽男妇老少，有识无识，无不拜公之像，畏公之灵……"福建东山岛迄今仍沿袭了家家户户奉关公像，祭拜关公的习俗。

二 军人对关公的崇拜

关公在世时，主要担任军职。刘备称"汉中王"，封拜五位将军，关公列于其首。最后，他又是在战场上以身殉职，悲壮惨烈。因此人们对关公的纪念和祭奠最初是作为"国殇"、"烈士"纪念的，并以此为发端，逐步被推崇为军人、武士的典范和楷模。宋人曾三异在《同语录》中就说过："《九歌·国殇》，非关云长之辈不足以当之，所谓生为人杰，死为鬼雄也。"

南北朝时期，由于社会动荡，战乱频仍，三国英雄的故事得到传播。史家们记述战将的勇猛时往往比喻为关公、张飞，如《晋书·苻生载记》写王飞、邓羌、彭越等人时称："骁勇多权略，攻必取，战必胜，关、张之流，万人之敌者。"《陈书·萧摩诃传》记萧摩诃时云："君有关、张之名，可斩颜良矣！"从唐代开始，关公被正式列入国家祭祀的武神从祀者之列，到明代又取代姜子牙的地位，成为武庙中的主神。作为战神、武神、保护神，是关公崇拜的起源和发展过程中的基本蕴意所在。

许多军人本来就钦佩关公的勇武精神，对他于万众之中斩颜良，围攻襄樊时俘于禁、斩庞德、威震华夏，以及箭伤中毒后"刮骨疗毒"言笑自若等作为军人的英勇行为，由衷钦佩。

再加上小说、戏曲的演绎，关公身经百战、驰骋疆场的精彩故事就更加深入人心，成为鼓舞与激励军人的精神力量。而历代国家政权的崇拜和提倡，又无不突出他"武安"、"勇

武"、"神勇"的特点,更使关公成为整个国家军队的武神,成为全体军人的精神支柱和崇拜偶像。封建王朝十分注重在军队和军人中大力提倡关公崇拜,其用意一是以关公忠义品德培养国家军队效忠皇权的思想;二是以关公勇武精神鼓舞士气,使军人勇敢作战;三是以"关公神灵保佑"来增强军队、军人的胜利信心,减轻和克服不利形势下的恐慌、动摇情绪。军人对关公的崇拜基本上是符合这些宗旨的。同时,也有不少军人从关公崇拜中增强了守土有责、护国安民、临危不惧、义气相许等军人品格。还有一些深信关公为神的军人,企盼关公神灵保佑自己作战顺利,转危为安,平安归来。总之,历史上军人对关公的崇拜有着自己特定的内容。而战前战后的祀关,也是军人崇拜的一种特殊形式。

　　中国古代自周以来,天子出征,便有祈祷武神庇佑的仪典"祃祭"。后来,历代王朝建立武庙,先是以轩辕黄帝为武庙主神,汉晋以后亦有祀项羽为武神者,从唐代开始以姜子牙为武庙主神,关公以蜀关将军汉寿亭侯的身份被列入从祀之列,正式进入武庙。宋初,关公一度迁出武庙,至仁宗时又恢复原有位置,但其地位远在张良等"十哲"之后。后来,广西侬智高反叛,侬曾祈求关神助其成功,关神不应,遂毁其庙。狄青平叛后,重建关祠,宋仁宗还特赐祠额。宋代帝王们给他加赠的封号着眼于"武安"、"义勇"。自南宋至明初,则形成了关公与岳飞并列为"武圣"的局面。关公在军事上的地位和影响正在逐步提升和扩大。大观二年(1108年)进封武安王;宣和五年(1123年),再加"义勇"二字。

到了明代，封建统治者为维护政权的稳定和国家的安宁，不断提高关公的武神地位。成化二十二年（1486年），明宪宗下令重修奉祀刘备、关公、张飞的三义庙，其目的是企图靠刘、关、张的神灵保佑"兵革不兴，海宇宁谧"（《宛署杂记·御制重建三义庙碑》）。正德四年（1509年），明武宗朱厚照赐南京关庙"忠武"庙额，其意在借关公的"忠义神武"庇佑天下太平，疆域永固。其后的王朝赋予关公"伏魔"、"神威远震"、"神武"等封号中，也明显包含着他们对关公以其"神威"、"神武"震慑天下的期望。明代，皇家因关公富贵不淫、威武不屈、视死如归、英勇善战等品质，更合乎他们选定武神的标准。所以，把关公推为武庙崇祀的主神，取代了沿袭数百年的姜子牙，成为新的"武圣"。除在京都、府州县城兴建武庙、祭拜关公外，还在各关隘、边陲、海隅大建武庙、关庙。早在明武洪二十年（1387年）将夏侯周德便奉命在福建东山岛创建关王庙。明代最重要的军事防御设施"万里长城"东端的山海关建有七座关帝庙，西边的嘉峪关有建于明正德元年（1506年）的雄伟关庙。另外，山西大同、河北蓟县等九边重镇也建有关庙。这些军事要地建立关庙，主要是为了震慑外敌，壮大军威，激励忠勇，鼓舞士气。

特别是清代，由于关公崇拜达到了极盛，封建统治者要把关公奉作佑国强军、阻击外寇、平定叛乱、镇压民变、安邦定国的至尊神灵。在清代，有许多带兵将领的奏报和皇帝的谕旨中都有"关帝显灵"护佑清军获胜的内容，其中不无偶然因素和夸饰渲染，不无带兵将领有意迎合皇帝意图的情形，但也从

一种特定角度反映了军人对关公的无限崇拜。

在维护国家统一和反对外敌入侵的战争中,关公崇拜经常成为鼓舞清军将士奋力作战的精神力量。反映这方面战例的奏谕不少,如乾隆中期,新疆准部阿睦尔撒纳和卓木先后发动叛乱,清政府派兵入新疆,在各族人民的支持下,经过广大官兵的浴血奋战终于平定叛乱。在平叛过程中,清政府宣称得到关帝的帮助,因此,又给关帝赐加新的封号。乾隆帝御制的一则碑文写道:

> 我国家久仰灵威,近于西师之役,复昭蒙佑顺,因特加封号曰:"忠义神武灵佑",并允太常议,于地安门外神庙,恭书新号神牌……

又如乾隆五十七年(1792年),喜马拉雅山以南的廓尔喀部在英国侵略者怂恿和支持下入侵西藏。清廷遣大将军福康安率军入藏,击败廓尔喀。战争之中,出现了许多有利于清军的异常现象,将士们以为是关公显灵,"自进师凯旋,凡三越月,固由圣主庙谟广远,批示机先;大将军运筹帷幄;靡坚不破;然究属君威灵呵护之所至也"。为此,专门重修了札什城关帝庙、日喀则关帝庙和江孜关帝庙。清驻藏大臣和琳在《关帝庙碑文》中颂扬道:"举凡王师所向,靡不诚服,关帝君实默佑焉"。

再如道光六年(1826年),维吾尔族张格尔在英国侵略军支持下,发动武装叛乱。很快,叛军占领了天山南路的喀什噶

第五章 关公崇拜与中华文化

尔、英吉沙尔、叶尔羌、阿克苏、和阗等城。清政府派杨遇春、长龄等率领大军前去平叛。在各族人民，特别是维吾尔族人民的大力支持下，清军屡败叛军，先后收复了各地。道光七年（1827年）冬，清军俘获了张格尔，叛乱被镇压下去。这次平叛，是广大爱国军民浴血奋战的结果。但经过军队将领奏报，清廷又把这份功劳算在关公头上，再次追加封号。道光八年（1828年）正月十三日，清宣宗颁布诰谕说："此皆仰赖关帝威灵显赫，默褫贼魂；用克生擒巨憨守永靖边圉，必应加展诚敬，以期亿万年护国安民。"（《清文宗实录·卷五十一》）

清军镇压国内农民起义的战争中，也往往依赖关公的"神灵护佑"来提高士气。反映这方面情况的战例，如嘉庆十八年（1813年），河南、河北、山东等地爆发天理教农民起义。李文成、林清等人是当时天理教的著名领袖。李文成在河南滑县一带、林清在河北大县传教。他们相约在嘉庆十八年九月十五日同时起义，不料河南滑县教众在准备起义时泄密，李文成被捕。滑县教徒为营救李文成，提前于九月七日起义，一举攻占滑县城。清统治者急派陕甘总督那彦成为直隶总督，纠集河南、山东、河北、山西等省"满汉劲旅"，向起义军疯狂反扑。由于力量悬殊，李文成牺牲，起义失败。但统治者却极力标榜说得到了关公的显灵助佑，《清文宗实录卷五十一》载清文宗奕詝语云：

上年逆匪突入禁门时，恍惚之中，望见关帝神像，畏慑奔窜，立就歼擒。本日又据那彦成奏，当滑县城光复之时，贼匪于黑夜中拼命突围，官兵施放枪箭，未能真切，忽城旁庙宇自行起火，照如白昼，官兵两路夹击，始将贼匪截回，悉数殄除。定后，乃知城旁庙宇供有关帝神像，庙虽焚毁，神像岿然独存，毫无损动等语。此次逆匪滋事，屡荷关帝灵爽翊卫，实深寅感。

嘉庆帝还御书"佑民助顺"匾，赐给河南滑县重修的关帝庙。

再如咸丰三年（1853年），太平军将领林凤祥、李开芳率两万余人进行北伐，五月进至河南，包围省城。六月，北伐军从河南省城撤围，渡过黄河，转进山西，后曾进入直隶，逼近京城。最后，因孤军深入，缺乏后援，被清军剿灭。清政府把"河南省城解围"归结为关帝"神灵助顺"，又加关帝封号"保民"。又如同治元年（1862年）三月，太平军攻入四川綦江县，据当时县令杨铭《关庙碑记》载："贼至无兵，兵素不救。四月十一日，城陷，合城士女魂散魄飞，仰荷神庥，登时击退贼去。"

值得说明的是，与封建统治对立的农民起义军也崇奉关公，如北宋时期梁山泊农民起义军，为了壮大声威，鼓舞士气，极力争取关公后裔"大刀关胜"上山入伙，首领宋江甚至以梁山第一把交椅相许。明末，李自成、张献忠领导的农民起义军也十分推崇关公，山西省盂县土塔乡盂北村有"大顺国"时期修建关帝庙的碑文《新建敕封关圣帝君庙宇序》。清末，洪秀全领导的太平天国起义军编印的《天情道理书》中有10

多首诗以关公等三国勇将比拟自己的将领。其中一首诗云"古称关赵最英雄,天国英雄志亦同",又云:"扫清世间妖百万,英雄胜比汉关张。"

另外,许多古今名将也留下不少崇拜或敬重关公的轶事。如明末名将左良玉曾在许昌灞陵桥亲题"汉关帝挑袍处"六个大字,表达对关公的崇敬;民国著名将领冯玉祥在灞陵桥关庙留下了"曹公待己厚矣,上书辞去岂是绝情此际心中存汉;金房无可弃也,班师归来原非素志当下敢违君命"的联语,借关公和岳飞忠心报国的英雄事迹,抒发自己的爱国壮志。著名抗日英雄杨靖宇生长于河南古城,关公斩蔡阳等英雄故事给他留下深刻的印象。人民解放军高级将领许世友、杨得志因仰慕关公英名,曾登临徐州土山关帝庙造访。

三 商界对关公的崇拜

商界崇拜关公盛行于明清之际。晋商是商界崇拜关公的倡导者和发起者。商界的关公崇拜大致经历了这样一条轨迹:由晋商率先发起,进而其他商帮纷纷响应、效仿,然后扩展成为商界共同敬奉的商业保护神和财神。

明清两代,晋商足迹遍布天下,开创了辉煌的业绩。为了巩固和提高整个商帮的地位,进而建立一个维系和凝聚整个晋商群体的情感纽带,寻求一个深孚众望、且能为他们消灾降福,庇佑他们财源广进、生意兴盛的精神支柱,同时为了展示自身雄厚的实力,树立和宣传自己的商业形象,在全国各地普遍建立了晋商会馆。到清代,大凡繁华都市、水陆码头、交通

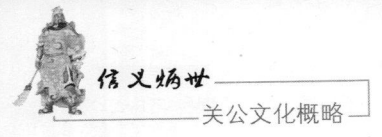

要津、商业集镇都建有晋商会馆。每一处会馆建筑都以关庙形式出现,采用宫殿式布局,楼阁殿宇之辉煌,建筑装饰之华丽,资用耗材之巨大,均为其他建筑望尘莫及。许多保存至今的会馆关庙都成为当地的文物瑰宝,人们观览之后,无不赞叹称绝。这些分布于各地的会馆有一个共同特点,就是融会馆与关庙为一体,以关公为祭祀和崇奉的主神。张焘《津门杂记》云:"山西会馆……栋宇巍焕,局面堂皇,内祀关圣帝君。"这里既是他们集会、议事、处理商务的办事机构,又是举行祭祀和酬神的场所。

晋商敬奉和崇拜关公有着特殊历史背景和原因。其一,山西商人与关公有亲密的地缘联系,选择关公为精神领袖顺理成章。《重修河东会碑记》提出:"尊帝即所以笃乡谊也。"王轩所撰《山陕会馆碑记》云:

　　山陕所属之地,广袤不下数千里,腰缠橐装者不谋面,一历斯境,遂人人切桑梓之情,而且莅之以神明,肃之以瞻拜,俾相识相敬相和睦,联秦晋为一家,结恩谊于异域,其盛举也。

长期在外颠簸闯荡、谋生立业的山西商人,本身都有较为浓厚的乡愁情结。当他们事业有成、雄踞各方之后,为加强同乡商贾之间的联系,进一步扩大和凝聚晋籍商人的力量,需要一位广为认同、万众拥戴的精神领袖。

其二,崇拜关公的风尚在明清时已到了登峰造极的程度,关公不仅因"精忠贯日"、"大义参天",而"圣德服中外,英名震古今";而且还戴有佛教"护法伽蓝"、道教"协天大帝"、儒家"武圣"等至高无上的神圣"头衔"。晋商可以凭借关公的神化地位,扩大商帮的声势和影响,进而提高自己的社会地位。

其三,关公的"忠义、仁勇、诚信"等精神品质,与早期创业阶段的晋商精神,以及他们发展壮大后所遵循的商业伦理观念之间有着潜在的相同之处。晋商不畏千里跋涉之艰险,不惧严寒酷暑之煎熬,克服异地他乡生活习俗之迥异,语言沟通之障碍,忍受无数的冷遇与不公,一步步发展成富甲天下、名震四方的商界巨擘,这实际上是对关公"勇武"之勇的延续和扩展。晋商从挟资贩货到坐地为东,他们所秉持和坚守的以诚待人、以信行事、以义制利,与关公精神中的"忠诚大义"也是一脉相承的。明代晋商王文显就曾说过:"凡事以道德信义为依据";清代著召晋商乔致庸也提出:"首重信,次讲义,第三才是利。"基于伦理观念和道德精神的吻合,商人们除了一般的训导、教育之外,通过崇奉和祭祀关公,对他们子女、雇员进行商业道德和商业伦理的熏陶和灌输,以期把他们的思想和行为纳入"重信义,除虚伪,节情欲,敦品行,贵忠诚,鄙利己,奉博爱,薄嫉恨,喜辛苦,戒奢华"的轨道,实现"资业益饶"的目的。

其四,由于清代关公的神职提高、神能扩大,富商巨贾也祈望万能的"关圣"能为他们惩邪镇恶、降福消灾、护佑平安、祛病延寿,"庶几自天佑之,共蒙神庥于无疆也已"

(《聊城山陕会馆众商重修关王帝君大殿录》),实现家业永存,财资兴旺,富及百代的理想。

晋商对关公的热捧与崇拜主要表现在以下几个方面:一是修建会馆关庙不惜重金,"运巨材于楚北,访名匠于天下",建筑规模宏大壮阔,装潢修饰富丽堂皇,其雍容华贵堪与皇家建筑相媲美,如《洛阳潞泽会馆关帝庙新建碑文》记载:

> 新关帝庙……规模宏远,庙貌巍峨.极翚飞鸟革之奇观,穷丹楹刻桷之伟望。

二是在众多的会馆和关庙内,关公在受供奉的诸神中享有至高无上的地位。通常都以关公为主神,配以火神和财神,而有些地方则汇集了民间信奉的诸多神祇作关公的陪祀,如山陕聊城会馆就有河伯、炎帝、药王、财神、瘟神、酒神、老君、马王等八位配享。三是在议定重要商务事宜,或签订大宗贸易合同时,往往在关庙的拜殿亦即关公塑像前举行仪式,意在借关公的神圣威严,约束同仁们谨遵规则,恪守信誉。四是除了日常的焚香祝拜之外,每逢关公诞辰和重要节庆都要邀请名气较大的社班前来演戏酬神,场面十分隆重,气氛格外热烈。至今,许多会馆遗迹中还保留着许多戏楼、戏台。五是对关公的赞颂、褒扬极尽誉美之词,把关公的忠义、勇武、神奇夸饰到极致。匾额中,诸如"义冠古今"、"峻德参天"、"信义昭著"、"义不苟取"、"人伦师表"、"英风峻德"等举不胜举。楹联中,如河南社旗关庙有"乃神乃圣震古烁今,至大至刚参

天两地"之句;碑文中,如北舞渡山陕会馆《创建戏楼碑记》云:

> 山左有孔子,道德高于万山,世士人重其文也。然有文以为之经,必有武以为之纬。惟我关子生于山右,仕于汉朝,功略盖天下,神武冠三军。尤可称者,秉烛达旦,大节垂于史册,洵足媲美孔子,躬当武夫子之称。

在晋商带动下,陕西商人、安徽商人、山东商人、河北商人、河南商人、江浙商人、闽粤商人纷纷起而效仿,普遍崇奉关公。在他们所建的会馆如禹王宫、川王宫、天事庙中或为关公设殿,或为关公塑像、设牌位,祭拜关公。也有的在当地原有关庙基础上加以扩建重修,作为会馆。

受各大商帮尊奉关公之风的影响,工商各业也争相迎神入门,祭奉起了关公。有的行业奉关公为行业祖师,有的则尊其为保护神。

皮箱业和皮箱行,奉鲁班为祖师爷,还供关帝、增福财神二保护神。皮箱行庙中三尊神像的位置是关帝居中,鲁班、增福财神各居左右。大殿有楹联云:

> 伏魔称大帝规矩师万世通财宇庙;
> 忠义贯古今墨绳宗万代赐我福泽。

皮革业所奉之神有关公等,如包头的白皮坊和苏州的硝皮

业皆奉关公。据《九行十六社》载，包头的皮行和成衣局联合组成"威镇社"，每年三月十八日在关帝庙过会，供关公为祖师。

烟业有水烟业和旱烟业之分，所奉之神有关公等。香烛业也奉关帝为神，北京香业还曾为关公设贺献戏。成衣业（即裁缝业）所奉祖师有关公等，如包头成衣业奉关公为祖师。厨业分为厨师业、饭馆业、酒席业等，厨业所奉的祖师有关公等十多位。包头厨业，包括饭店、饭馆、稍麦馆和单干的厨师们，组织了"公义仙翁社"，"每年八月十七日在关帝庙过会，供关帝为祖师"。有的地方的豆腐业奉关公为祖师，理由是关公年轻时卖过豆腐。屠宰业、肉铺业所奉祖师有关公、张飞等，因关公用刀、张飞曾卖过肉之故。糕点业又称糖饼业、烘炉行。据《北平各行祖师调查纪略·大饽饽铺之祖师》载，明清之时，北京的糕点业奉雷祖闻仲为祖师，以关公、赵公明、马王、火神为配神。干果业经销花生、栗子、核桃、杏仁等干果，该行祭关公。理发业所奉祖师有关公等六位，南京剃头匠奉关公为祖师。《炳烛里谈》记南京诸业祭祖时说："剃发匠祀关圣，以其用刀。"骡马业也奉关公，如清代北京东四牌楼有马市，聚集着做马骡驴生意的马行、骡行、驴行中人。离东四牌楼不远的东岳庙中有马王殿，为马骡驴行祭马王之所。据《基尔特集·东岳庙》载，东岳庙马王殿又称关帝庙，内供三尊神像为关帝像、马王像、通兵元帅像。

四　会社组织与关公崇拜

宋元至明代，会社组织开始出现。清代在"反清复明"的斗争影响下，各类会社组织大量涌现，组织渐趋严密，范围日益扩大。章回小说《三国演义》《水浒传》的广泛流传，对秘密结社的发展起了很大作用。《三国演义》中刘备、关公、张飞"桃园三结义"誓言说："不求同年同月同日生，但求同年同月同日死。皇天后土，实鉴此心，背义忘恩，天人共戮。"刘、关、张三人异姓结拜兄弟，讲求"义气"，成为秘密结社中效仿的楷模。他们奉关公为崇拜偶像，把关公的"义"作为凝聚小团体的重要手段和维系组织、强化纪律的精神法则，演化为"江湖义气"。

在南方，关公信仰直接给"反清复明"的秘密结社以及后来的帮会提供了组织形式和精神支柱。主要有天地会、三合会、哥老会，以及青洪帮、四川袍哥等等。如天地会，他们用刘关张桃园三结义的"义"字来维系内部的团结。天地会"进洪门诗"中有云：

　　一进洪门结义兄，当天盟誓表真情。
　　长沙弯口连天近，渡过乌龙见太平。
　　桃园结义天下闻，莫作奸心反骨人。
　　你敬肉来我敬骨，胜过同胞骨肉亲。

天地会内部设有忠义堂和关帝庙，正中供奉"敕封真武关

圣帝君",两侧是"关平圣子"、"周仓将军"等。萧一山著《近代秘密社会史料》录有关帝庙诗:

> 历朝义气关云长,洪家子弟仿忠良。
> 丹心等候明天子,特来结拜共拈香。

在忠义堂前表心盟誓,乃是天地会的必需仪式。

嘉庆十三年(1808年),广东南海县人颜亚贵,在广西来宾县拜颜超为师入天地会。他传授的天地会誓词为:

> 本月在□□处,□□村社下居住香主弟子□□,携带众信弟子天地结拜。请到明朝先锋,请到刘关张三位,在桃园结义,和合而顺天,结为忠义,永无更改,齐心协力,夺回真主江山。今有来宾县南口口里村众信弟子,诚心齐五色果酒,三牲醴物,在于灵神案下焚香祷告……敬请刘、关、张三位大将军;周仓、关平二位大将军……神灵鉴察,弟子需要忠心义气,有福同享,有官同做,子孙世享荣华,福有攸归。

可见,天地会十分强调"忠义"、"义气",非常崇尚刘、关、张桃园结义的故事,尤其是其中有关同生死、共患难的行为。

三合会中供奉的神灵很多,关公是其中最为重要的神祇,享受着开山祖师爷的待遇。各会所均祀关公,每以六月二十四日为其忌日,以五月十三日为其生诞,皆庆祝。在其入会仪式上,对关公的信仰也表现得非常突出。入会式,又称"作戏"或"放马",举行仪式这一天,会员都要到场,称作看戏。凡入会者达五十人以上,就要举行一次入会仪式。入会者称作新丁,不拘阶级、阶层,"凡富贵人、学问家、官吏、农夫、商人、兵士、莠民、盗贼、乞丐,苟存忠义之志,思复明者,均得入会为洪家兄弟"。首先强调的是入会者须有关公的"忠义"精神,其次才是要有"复明"的政治要求,均可加入三合会。而"忠义"的化身就是关公。会场临时设在郊外,分外部、中央、内层三区。徐珂《清稗类钞·会党类》载:

其行仪式之秘密室,则取陈近南之亭名作隐语,谓之红花亭。中祀关公,额曰忠义堂。

入会时的誓语主要有下面一些内容:

吾人当吉凶与共,以求回复天地万有之明,灭绝胡虏以待真命。诸兄弟,今再导汝于忠义之神,吾人当以同生死誓于上天,今夜吾人介绍数新徒于天地会,仿桃园结义故事,约为兄弟。

……

吾人以甲寅年七月二十五日丑时为生诞时,凡昔二京十三省,当一同体,人人互求幸福,各分其劳,毋或疏隔。一遇今朝王侯非王侯,将相非将相,人心动摇,即为

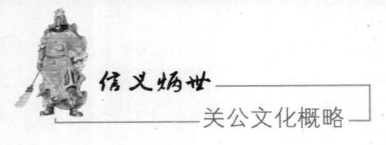

明代回复，胡虏剿灭之天兆。

……

凡新会员，各以其范围行所任务，顺天行道。顺天者存，逆天者亡。如有能回复明代，报仇雪耻，建设天下太平之治者，及身封王侯，子孙则历世永昌。违反是道者，应灭绝于剑戟之下，且须灭其种。唯忠心义气之人，得受永远之福祉。

在哥老会中，在聚集所的正堂中央必挂关公神像，行开山式时则要祭拜关公。举行开山仪式，则选定黄道吉日，在人迹罕至的深山古庙中进行，"场中正面墙上，祀上祖、关帝等神"。

《清稗类钞》中记载，光绪二十四年（1898年）冬，在镇江府西面城外鹤林寺，哥老会员"齐集关帝五祖殿前，各踊跃进山，英雄聚会，豪杰同心。义声震河岳，仁德扇区夏，所厚望也"。哥老会敬奉"三把半香"，其中一把是刘关张的结义香。在哥老会章程《金台山实录》中明确地以刘、关、张为大爷、二爷、三爷。其中，二爷称"圣贤"，比拟关公，地位尤为特殊。哥老会最重要的盛典开山堂仪式，首先是二爷安置关公的牌位，谓之"安圣"，可见对关公极为尊崇。哥老会有两次集会，其一"单刀会"就是五月十三日的关公忌日。

此外，在近代史上，太平天国、义和团运动时期，农民革命领袖有时也利用关公的旗号来组织人民，成为发动群众的武器。

第二节　关公崇拜的缘由

中国有史以来，对历史人物关公神化之程度，崇拜之范围，奉祀之规模，是找不到第二位的。皇室宫廷，庙宇寺观，城乡家庭，到处有其神位；达官显贵，平民百姓，莫不对他顶礼膜拜；五洲四海，天南地北，凡有华人的地方，无不对他虔诚敬仰。这种现象绝非偶然，一定有其深刻的社会文化原因。

一　崇尚忠诚的文化心理

中国传统文化将忠诚誉为崇高的美德。

在封建时代，统治阶级历来提倡"忠"的道德，其目的十分明确，就是要熏陶、教育、造就一批又一批忠诚于封建君主及封建王朝的臣民，以维系其统治政权的牢固地位。在这种思想体系孕育下，人们视"忠信乃立身之本。"忠君被看作是一种高尚的美德，而普通的百姓则把"忠君报国"作为自己追求的道德目标。人们普遍把"忠臣"、"忠良"视为楷模；而把反复无常，朝秦暮楚，叛军背国之徒视为奸佞小人。"忠节令图，君子高行，屈节附逆，义士所耻"，则准确地概括反映了人们的文化心理。

忠诚文化心理的扩延，不仅仅是忠君，而且有了更为宽泛的内涵：忠于主人，忠于上司，忠于朋友，忠于父母……忠于祖国，忠于人民。忠诚，不仅仅是君王以及统治者的愿望，也是普通平民百姓的一种心态；成为一种社会文化心理的共识，

行为的准则,道德的典范。虽然如此,在对忠诚的理解上,仍因阶级地位的差异而迥然有别。因此,忠诚是多义的。具有忠诚品质的人,则被视为达到了道德情操的高尚境界。

在中国历史上忠诚的典型很多,如岳飞、文天祥等等。关公亦是有口皆碑的忠诚之士。后人曾经这样赞誉他:"千古精诚日月明"(程严卿诗句)、"报国忠心千载著"(何溟诗句)、"贯日忠诚存汉室"(吴君敏诗句)。杨廷瓛更有一幅联称:

彻底一忠耿耿乎生死不相背负;
横绝千古洋洋乎云天常驻英灵。

关公追随、侍奉刘备始终不贰。刘备与曹操在徐州交战,刘备兵败逃亡,关公被俘投降,被曹操带回许都,拜将封侯,赏赐颇多。这在关公的人生经历中,应该说是影响他声名的一个污点。但是,人们——而且是大多数的人们,并不责备他,并不以此一时的成败论英雄,反而却十分欣赏他在曹营期间所表现出的另一种情操:

吾极知曹公待我厚,然吾受刘将军厚恩,誓以共死,不可背之。

恋念故主之情,忠于刘备之心,溢于言表。因此,被后世誉为"身在曹营心在汉"。当关公得知刘备下落以后,便毅然决然"挂印封金"而去,千里单骑,过关斩将,又投奔刘备。

正是关公对刘备表现出来的那种忠诚,掩饰了他人生之路上的一个瑕疵。

关公事从刘备,既是君臣关系,又是兄弟关系。因此,他对刘备所表现出的忠诚,就不仅仅是忠君,而且还有忠友的含义。从而,对关公的这种忠诚,无论是君臣、上司、主人,还是普通人,都乐于接受,乐于肯定。从上来说,需要忠诚的臣民、奴仆、子弟;从下来说,需要忠诚的朋友、伙伴、兄弟;这就是人们从各自不同的角度对关公所取得的一种心理趋同。

有人认为,关公对刘备所表现出来的这种忠诚是"愚忠",不足称道。言外之意是,关公不必对刘备那么死心塌地,忠心耿耿,矢志不贰;他应该识时务,审时度势,做出更好的选择。这种认识,无疑是不正确的。

首先,关公忠诚的对象刘备,是汉王朝中山靖王之后,汉献帝的皇叔,东汉末期兴起的诸侯、群雄之一,后来成了蜀汉皇帝。在封建君主制时代,君主就意味着国家。汉朝的国家是刘氏的家天下。在这种历史发展的条件下,关公,不仅是关公,而且是所有那些出仕从戎的人们,都无可选择地要为君主效力,对君主奉献上自己的忠诚。舍此,就只能跑到荒山野郊去当隐士。如果关公是"愚忠"之士,那么中国封建统治时代的许多赢得"忠臣"荣誉的,也只能与之同类。他们的这种忠诚是历史、时代所决定的,因而无可挑剔。

其次,在东汉末年群雄竞起称霸,各路英雄择主而从的形势下,如果刘备是个昏庸之徒,那么,关公对他忠贞不贰,始终俯首听命,不能另择明主而事之,那倒可以说他是愚忠。但

是，在三国帝王中，刘备还是一个有雄才大略，有所作为的君主。在群雄逐鹿的复杂形势下，他经过奋力拼搏，能够在三国鼎立中据有一席之地，就足以说明他的才智。关公事刘备以忠诚，刘备敬之以厚爱，长期相处，亲密无间。这种君臣关系，相比那些帝王家族中父子之间相互残杀，兄弟间你夺我恨酿成许多悲剧的血腥关系，无疑是应该得到肯定的。

再次，说关公是"愚忠"，无非是指关公被曹操带回许都后，拜将封侯，赐金赏银，恩礼有嘉，曹操又占有挟天子以令诸侯的天时，关公如果投靠效力曹操，名正言顺，还会得到更好的报偿。岂不知，如果彼时关公趁机改换门庭，死心塌地投靠新主子曹操，那么，关公也就不会成为今天的关公。正因为他没有这样做，才树立起他一个顶天立地的伟岸形象。在这里，我们不妨拿与关公同时期的吕布参照一下。吕布在东汉末年称得上是一条地地道道的好汉，他的勇武在关公之上。他能征善战，叱咤风云，不可一世，各路诸侯都很买他的账。但是，他前投丁原，后靠董卓，又奔王允，朝三暮四，反复无常；结果，谁也信他不过，终于在白门楼上丢了性命，身后留下了许多遗憾！吕布与关公形成了明显的反差——小丑与英雄。

二　崇尚信义的文化情怀

中国传统文化视信义为高尚的情操。

> 人而无信，不知其可也。

舍生而取义者也。

中国的圣贤孔子、孟子把"信"、"义"看的是如此的重要。

在中国传统的文化观念中，讲仁义、信义、情义、义气等等，成为人们肯定的道德共识。尽管在对信义的理解和践行上，历来人们迥然相异，但关公在整体信义的实践上，历来被人们视为楷模。其突出表现在两个方面。

一方面，"宴桃园豪杰三结义"，关公与刘备、张飞结为异性兄弟，三人共誓："……同心协力，救危扶困；上报国家，下安黎庶；不求同年同月同日生，只愿同年同月同日死。皇天后土，实鉴此心。背义忘恩，天人共戮！"关公在此后终其一生的行为中，恪守了这个誓词，从未动摇、背叛。他身陷曹营之后，尽管曹操对他拜将封侯，送金送银，赠袍赠马，却动摇不了他对刘备的思念之情，一片忠心，总想着要回到刘备那里去。最能说明他情义的莫过于曹操赠给他锦袍，他受之后却穿于旧袍之下，并公开申明："……旧袍乃刘皇叔所赐，某穿之如见兄面，不敢以丞相之新赐而忘兄长之旧赐。"在得到千里驹赤兔马之后，他在回答曹操"何贱人而贵畜耶"的质问时，又明白地说："吾知此马日行千里，今幸得之，若知兄长下落，可一日而见面矣。"从而，使曹操都为之感叹："事主不忘其本，乃天下之义士也！"

值得特别指出的是，此时此刻的刘备正处于窘困潦倒、惶恐不已、生死未卜之际；而身居丞相高位、挟天子的曹操却声

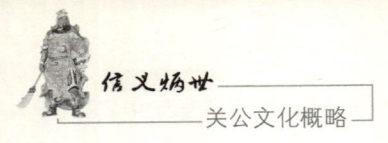

名显赫，意气风发，大有权倾朝野之势；关公在这种鲜明对比的态势下，并没有被官爵、金银所诱惑，改换门庭，投靠到曹操的麾下；而是依然信守当初桃园三结义时的誓言，做到了威武不屈，富贵不淫，贫贱不移。关公的这一操守，是难能可贵的。

后来，关公在得知刘备流落在袁绍处的消息以后，便毅然决然地辞别曹操，离开许都，重新去投奔刘备。关公此举非同一般，是要冒杀身之祸的。因为，他是在曹操的掌控之中，举手之间就可以使他人头落地，走不出许都。只是由于曹操的同情、大度，关公才得以从容地由许都脱身。

另一方面，关公对他人，甚至像曹操，也讲道义。他曾对张辽说："吾固知曹公待我甚厚。奈吾受刘皇叔厚恩，誓以共死，不可背之。吾终不留此，要必立效以报曹公，然后去耳。"关公说话是算数的，他刀斩颜良，为曹操解了白马之围，而后离曹操而去。不但如此，到后来，孙权与刘备结盟，和曹操赤壁鏖战，曹操兵败，关公奉命扼守华容道，曹操带着残兵败将奔此道而来，却被他"想起当日曹操许多恩义，与后来五关斩将之事，如何不动心？又见曹军惶惶，皆欲垂泪，一发心中不忍，于是把马头勒回，谓众军曰："四散摆开。""只为当初恩义重，放开金锁走蛟龙。"关公这样做也是冒着生命危险的，因为他在军师诸葛亮帐前立下了军令状。关公为了"信义"，又一次表现了他不惜一切的"义无反顾"之精神。

关公如果仅仅在刘备、张飞的生死与共中，共同完成"义结同心"，那么，也仅只能说明关公仅仅在"集团"内部笃信守义，这种行为无疑颇具局限性或利己性；而关公正是突破了这种利己之局限，广行信义与世，甚至面对他的敌人曹操，也恪守信义，表现了其行为的一贯性，所以，他就赢得了人心。

关公在自己行为中所体现的恪守信义的道德情操，是符合传统文化心理的，特别是适应了下层市民百姓的文化心理；故而将之视为人际关系中的一种优秀品德而倍加推崇。

有人把旧社会中的黑社会集团和现在的某些流氓犯罪集团内部的所谓"哥儿们义气"，与刘备、关公、张飞"桃园三结义"视为同类，这显然是有失公允的。"信义"作为一种文化心理，社会上的三教九流，各色人等都是可以拿来为自己所用。它既可以被表现为高尚的道德情操，也可以被作为卑劣行径的华美外衣。正如真理、民主、平等、自由等等一些崇高的旗帜，在人类历史发展的长河中，有的人使他们伸张、鲜艳、光彩夺目；有的人则使他们扭曲、玷污、暗淡无光。谬论打起真理的旗帜，谎言披着诚实的外衣，妖魔打扮成美女……是人世间丑类所惯用的手法。法国18世纪资产阶级革命时期的著名人物罗兰夫人，在被雅各宾派送上断头台时，曾就"自由"发表过一段精彩的评语："自由，多少人在你的名义下被送上了断头台！"在革命的旗帜下，"自由"被滥用，歪曲，成为扼杀自由的手段，这种事例不胜枚举。因此，关公身体力行的"信义"被社会上的罪恶集团借用、扭曲，造成对社会的危害，是不足为怪的，但这并无损于关公的磊落与伟岸。

三　崇尚智仁的文化传统

在中国漫长的封建历史长河中，广大的平民百姓处于封建君权的残酷统治之下，不堪重负，穷困潦倒。因此，他们在心灵深处，无不殷切希望能有智能之士惠赐仁爱于天下。

荀子说过：

智者知人，仁者爱人。

关公被视为智者，且为"大智"。他熟读《春秋》，"羽好左氏传，讽诵略皆上口。""志在春秋，近千载，何人解说？兵戈里，开函静对，精义发越。"（刘涛《满江红》诗句）、"春秋之旨，独得其宗。"（张鹏翮诗句）。在世人的眼里，关公在混乱如麻的东汉末年，能够透视社会的种种谜团，清醒地走上一条为人所称道的匡扶炎刘政权的道路，这符合中国传统文化的心理定式，这就是他的大智了。

关公也被视为仁者，能施爱心于人。在他生前，便是"善待卒伍而骄于士大夫"，接近普通人，这正是他受普通人爱戴的原因之所在。而在他身殁成"神"之后，又以他的万般智能，广施仁爱于世间的芸芸众生。他明辨善恶，扶正祛邪，除暴济民，祛病疗疾，辟瘟降灾……尘世之间，事无巨细，他都过问。从而使关公成为生活在各种困苦条件下的平民百姓解脱自己厄运的希望与精神寄托，是取得心理平衡的一个砝码。人们认为，关公生前死后的所作所为，都是可以信赖的，唯有他才关心他们,爱护他们,保佑他们。这是关公道德品质所产生的一种精神感召力。在中国这块古老的土地上,无论是哪一位封建时期的历史人物或哪一位尊神,都没有能像关公那样得到人们这样的崇敬与信赖。

四 崇尚勇武的文化观念

古人说:勇者不顾身,忠者不念家。

勇武在个人是一种气质,在民族则是一种精神。中华民族是一个崇尚勇武的民族。崇尚勇武的文化态势,在浩繁的历史典籍、文学作品、诗词歌赋、戏剧曲艺、口头文学、社会生活等众多的方面,都有充分的表现,成为社会各阶层传统的文化心理共识。中国历代的勇士,武将如荆轲、廉颇、项羽、韩信、卫青、霍去病、张飞、花木兰、薛仁贵、罗通、秦琼、杨家将、岳飞、戚继光、关天培等等都是备受世人喜爱的、尊崇的、赞誉的。

对关公的崇拜也体现了这一传统文化态势,而且达到令其他勇武之士不可企及的地步。

关公第一次参与重大的征战活动,就显露出他不同凡响的神勇之气概。当时,他身为刘备手下一个普普通通的马弓手,对气势汹汹,连斩诸侯联军数员大将的华雄,并不放在眼里,声言:"小将愿往斩华雄人头,献于帐下!"遭到袁绍的呵斥。幸得曹操说情,才得以披挂出阵。"操教酾热酒一杯,与关公饮了上马。关公曰:'酒且斟下,某去便来。'出账提刀,飞身上马。众诸侯听得帐外鼓声大振,喊声大举,如天摧地塌,

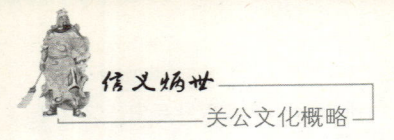

岳撼山崩,众皆失惊。正欲探听,銮铃响处,马到中军,云长提华雄之头,掷于地上……其酒尚温。""温酒斩华雄",关公建立了"威震乾坤第一功"。

温酒斩华雄,对关公来说,只不过是小试牛刀而已。关公的勇武更充分地表现在随之而来的众多征战中。

他为曹操解白马之围,披马横刀,冲锋陷阵,策马刺袁绍大将颜良于万众之中;随后,又砍了袁绍另一大将文丑,表现了他"万人敌"的神威,使曹操都喜不自禁地称赞他:"将军真神人也!"

他挂印封金,辞别曹操,走出许都,千里单骑,五关斩将,如入无人之境。

他在赤壁鏖战中,带领水军万人,游弋大江,威风凛凛。

他应鲁肃之邀,一叶小舟,漂流过江,单刀赴会,完成了一次冒死生于万一,有胆有识的外交活动。

他刮骨疗毒,出兵襄樊,水淹七军,擒于禁,斩庞德,造成"威震华夏"的赫赫声势,使得曹操定都计议迁出许都,以避其兵锋。

他带领天兵天将,毫不畏惧地与曾和轩辕黄帝争雄,死后又称为妖神,且神通广大的蚩尤征战,并将蚩尤再一次诛杀,解决了河东盐池生产不能正常进行的困难。

作为一个三国时期武将来说,关公的实际武功成就,并不比其他某些历史名将高超。他痛失荆州,败走麦城,身遭杀害,构成了令世人遗憾的悲壮结局。但是,他勇武的声名,却远远地超过了其他任何人。其原因,无非是关公这个勇武之士的形象,在历史事实的基础上,经过了口头传说,文学作品,戏曲舞台的艺术概括、夸张、渲染,表现得十分逼真、生动、活灵活显,称得上是"勇者不顾身"了。他每一次征战,都把生死置之度外,使崇尚勇武的人们在心理上得到了一种十分快意的满足,终于将之推到了"武圣人"的高峰。

五 崇尚神灵的文化信仰

世界上原本没有神,是人类自己创造了神。

人类创造了神,同时也成了神的奴仆。

神的观念产生于人类早期生活的原始社会,它是人们不能认识、理解和驾驭自然以及社会力量时,这些力量在人们头脑中的虚幻反映。人们虚幻意识中的神被视为主宰世间万物,具有人格和意识的超然存在。尔后,宗教的兴起,出现了众多宗教的神,对神的崇拜和信仰,就成了一切宗教的核心。神,不仅被宗教用来作为辖制、麻醉众多信徒的神秘主宰;而且,也往往被统治集团所利用,作为统治、奴役人民的一种工具。作为普通百姓来说,对神的崇拜、信仰,表现为对某种精神的需求与寄托。

关公生前为将为侯,死后封王、封神;他享受到了人们敬之如天神般的崇拜。从陈、隋时期,他最初被推上神坛,历经宋、元、明各代又屡屡加封,直到清代的统治者封他为"忠义神武灵佑仁勇威显护国保民精诚绥靖翊赞宣德关圣大帝",达到了登峰造极的地位。而且,从中国的儒教到佛教、道教,也都毫无例外地推崇他。"儒称圣,释称佛,道称天尊。"在中

国历史上有过重大影响的三大教派,都无一例外地将关公这一历史人物拉进其崇高的祭坛。对一个历史人物来说,这是绝无仅有的。连被尊称为"文圣人"的孔夫子,也没有能够得到这种三教共认同、齐推崇的荣耀。

而且,值得注意的是,在中国这个多神的国度里,一般的神无非是一神一位,一神一职,如风神、雨神、雷公、电母、土地、财神、送子娘娘等等。而关公这尊神却不同,他的神灵的作用是多功能的,护法、保民、祛灾、疗疾、佐战、佑财、送子……无处不在,无事不能。因此,人世间的芸芸众生遇到了困厄,便会想到他,祈求他的佑助。

崇拜神灵的文化信仰,一方面,是人们对于冥冥之中那种神秘主宰力量的畏惧感和迷信意识的反映;另一方面,也是人们功利思想的反映。神,既然是一种神秘的主宰力量,拜祀神灵总是想以自己的虔诚得到回报,如功名、利禄、财富、安全、子嗣……等等。如果某种迹象被认为是神的"显灵"所使的话,这种畏惧感、迷信意识和功利思想,就会表现得更为虔诚和更加强烈;与此同时,神的"圣灵"也随之会得到更为广泛的演绎和传播。

把关公尊为神的民众百姓,作为一种迷信心理,实质是一种消极的精神寄托。与民众的这种文化信仰相适应,统治阶级尊关公为神,除了具有迷信的心态之外,则是利用民众对关公崇拜的文化心理,将这位大神拿来作为统治、管控民众的一种工具。

综上所述,可以得出结论:对关公崇拜的这些社会文化心理，使得关公崇拜现象长久不衰。

对关公崇拜的社会文化心理进行历史的、具体的分析，有积极的、应该肯定的因素；也有消极的、应该否定的因素。

崇尚忠诚精神，既有积极的一面，也有消极的一面。忠君思想，无疑是封建传统道德的范畴，足以奴化人的意识。但是，忠诚于祖国、忠诚于人民、忠诚于伟大的事业，却能够使人们的心灵得到净化、升华，凝聚成一种强有力的精神力量。

崇尚信义精神，由于理解上的差异，也存在着积极和消极两个方面。如果像小市民那样，把信义局限为"哥们义气"、"江湖义气"，那会对人们的心灵起到一种毒化、扭曲、禁锢的作用，对社会将产生一种消极的、甚至破坏的作用。但是，正确的理解信义，倡导恪守信义，使其成为为人处事、人际关系中一种高尚的道德、行为准则，无疑对社会是有益的。

崇尚智仁精神是积极的，因为智仁精神的本质是文明和博爱，因此能够陶冶人们的道德情操。

崇尚勇武精神也是应该肯定的，因为勇武精神能够激励人们拼搏、奋进、创新、开拓的意识。

崇尚神灵的意识，虽则消极，但作用颇多，对心浮气躁的芸芸众生，尚有心理平衡之功用；对失望灰心的凡人百姓，尚有抱存幻想的一线希望。

对关公崇拜的社会文化心理进行透视剖析，既有助于我们对关公崇拜现象的认识，也有助于我们正确去对待这一现象，那就是扬其精华，弃其糟粕，发展、弘扬其积极的方面，克服、制约其消极的方面。

第六章　关公崇拜与儒、释、道三教

"关公崇拜"是唐宋以来逐渐形成的具有极其广泛社会基础的一种文化现象。关公本为蜀汉政权一位功过参半的大将,自唐朝起关公开始被神化,至元代已成为"宇祠遍九区"的尊神,明清时代更是妇孺皆知、香火尽占的大帝天尊,并向海外广泛辐射。"关公崇拜"的形成,除了小说《三国演义》和各种文艺作品的反复渲染和民众心理的认同等因素外,儒、佛、道三教对关公的推崇和利用也起着极其重要的作用。

第一节　关公崇拜与佛教

在"关公崇拜"研究中有一个共识,就是佛教最先神化和利用关公。至于始于何时,则有隋代、唐代、宋代等不同说法。一般以为,佛教对关公的神化和利用有一个由护法玉泉寺到朝廷确认为伽蓝的渐进过程,也就是由天台宗独奉到全国佛教共崇的过程。从时间上看,肇始于唐代而形成于元朝。

佛教信徒把关公同佛教牵合在一起发端于陈、隋年间佛僧智𫖮创寺说法玉泉山。智𫖮,即所谓智者大师,乃天台宗祖师。他于陈、隋间在玉泉山建立精舍,聚徒讲法,但当时并没有把这事同关公附会在一起。智者大师笔传口述的文字不少,都无涉关公受戒护法的说法。隋朝僧章安作《智者大师别传》，"略不及关王事"，这就是说，隋朝时并没有把关公与智𫖮，或与玉泉寺联系起来。时至唐朝，佛教与儒、道争尚，佛教内部派系林立，僧徒们总是编造一些奇异的故事来增加本教、本宗的神秘感和诱惑力。作为天台宗祖庭的玉泉寺，便出现了"神助土木之功"的怪说。唐人范摅《云溪友议》卷上载，荆州"玉泉祠，天下谓之四绝之境，或言此祠鬼兴土木之功而树"。但仍然没有把兴祠鬼神具体落实到关公头上来。今天人们能看到的佛教与关公联系的最早文献记载，是唐德宗贞元十八年（802年）董挺撰写的《荆南节度使江陵尹裴公（绮）重修玉泉关庙记》（历史文献中多简称为《重修玉泉关庙记》）。碑文载：

> 陈光大中智𫖮禅师者至自天台，宴坐乔木之下，夜分忽与神（指关公）遇。云愿舍此地为僧坊，请师出山以观其用。指期之夕，前壑震动，风号雷鸣，前劈巨岭，下埋澄潭，良材丛木，周匝其上，轮番之用，则不乏焉。

这样，兴寺鬼神就成了关公。从碑文中还可以看出，关公不仅为佛门捐山建寺，而且颇有护法意味，所谓"至今细黄入寺，若严官在旁，无敢褢读"。

佛教在唐代的中国化步伐加快，以适合生存和发展环境，很容易附会出顺应中国文化氛围的东西来。关公自三国而降一直以神勇见称于世，"不唯同时人望而畏之，身后数百年亦无

人不震而惊之"。关公镇守荆州,身死临沮。临沮在当阳境内,距玉泉山相去不远,玉泉寺西北三百步便是关公遗庙,当地百姓已把他奉为"邦之兴废,岁之丰荒"所系的一方神灵。把这样一位具有广泛社会影响的历史名将同佛教联系在一起,既是佛教中国化进程中的具体表现,又是天台宗提高本系地位的实际需要。因而,玉泉寺鬼神树建的怪说自然和身死邻近的勇将结合在一起,在社会上广泛传播。据宋人黄修复《益州名画录》,孟蜀王知道蜀中著名画家赵忠义妙鬼神屋木,遂令创作《关将军起玉泉寺图》。赵忠义"画自运材砍基,以至丹楹刻桷,皆使鬼神","一坐佛殿将欲起立"。命题者信口而出,作画者援笔而就,彼此对关公驱使鬼神创建玉泉寺的故事极为熟悉,可见此说在社会上流传已久。

北宋元丰年间,玉泉山关庙再次维修,博通三教的无尽居士张商英为此作记,关公同佛教的关系又有重大发展。张氏在《重修玉泉山关庙记》中虽仍因智者大师立说,但在与佛教的缘分上又有新的突破,称说关公驱使鬼神同智者斗法,结果败北,遂心归佛门,捐山为寺,"永护佛法"。智者乃授以五戒。同董挺之记比较,张商英在故事情节上趋于合理,在与佛教关系上更加明确,关公不再是教外之人,而且表示要"永护佛法"。关公"护法"之说实始于此。南宋时天台僧志盘著成《佛祖统纪》,其中《智者大师传》在叙述关公与佛教的关系时,又在张商英的基础上增添了新的情节。叙述关公最初只是愿意"建寺化供,护持佛法",后来聆听智者大师说法数日,大有感悟,主动求受戒,且说:"弟子今日闻出世间法,愿洗心易念求受戒，永为菩提之本。"于是，成为智者大师的弟子。从此，关公同佛教结下了不解之缘，被奉为扶护佛法的伽蓝神。这种说法虽在社会上流行，但在文献材料中除天台一宗外不见其他宗派承认，可能在当时仅仅是天台宗确认的护法神，把关公奉为整个佛教界的伽蓝则是元朝的事。

宋元之际，关公在社会上的影响进一步扩大。据郝经《汉义勇武安王庙碑》，金朝灭亡时，关公为天下庙祀，"燕赵荆楚为尤笃，郡国州县乡邑间井皆有庙"。这一现象既影响到信奉佛教的元世祖忽必烈，也影响到做宫中佛事的西藏僧人。《元史》记载，自至元七年起，元朝廷采取帝师八思巴的建议，于二月十五日在大明殿"启建白伞盖佛事"，每以为常。上京则于六月举行。这项定制的宫中佛事，由帝师主持，宣政院、中书省和枢密院直接参与，并从枢密院调拨士兵五百，抬着三百六十坛的监坛神关公的轿子，围绕皇城一周，时谓"游皇城"。这种由朝廷举行的佛事活动，用关公为监坛神，等于宣布关公为整个佛教寺院的伽蓝，这对全国各地佛寺产生了导向性的影响。

明清时期很多佛教寺院都供奉关公。清人张营所作《伽蓝辨》说，"当时以关帝作伽蓝者大概十之八九"。禅宗是宋元以后影响最大的一支，也以关公为伽蓝，不过没有承袭天台之旧说，而是另起关公与佛教之新论，即六世祖慧能以关公为伽蓝，并将此事"揍合《传灯录》中"。至今，人们仍然可以在佛寺中看到关公与佛教关系的痕迹，如成都文殊院供关圣帝君与文昌帝君于菩萨神像之两侧，湖南南岳祝圣寺内有关圣殿，

山西交城天宁寺中关公庙与观音庙分立于大雄宝殿两侧，甚至藏传佛教亦供奉关公，在北京最著名的喇嘛教雍和宫内也有一座雄伟的关帝殿，关公铜像端坐于正位，连一些受佛教影响的秘密宗教，如白莲教、罗教等，也编造同关公的缘分。

中国佛教对关公的神化和利用还直接影响到中国佛教传播的邻近各国。早在元朝时日本有足利尊者（1305—1358年）就特意来中国，求得关公神像，敬奉在京都大兴寺内。日本祭奠关公的活动即始于此。今天，日本宇治的万福寺和长崎的崇福寺、兴福寺、福济寺、圣福寺中都供奉着关公像。在南洋岛国，有多座寺庙供奉有关公像。这些寺庙绝大部分创建于明清，其中最著名的佛寺有雅加达的金德院、井里汉的大觉寺、文登的文德庙和观章寺。

佛教本为外来宗教，其教义教规同中国的民族习俗、文化传统多有抵触，严重影响其传播。唐宋时代佛教中国化进程加快，选择在当时颇有影响的三国名将关公为护法神，无疑有利于佛教的广泛传播和发展。同时，关公的影响力也因此更加扩大。佛教在某种意义上可称为中国宗教的样板，其举措在思想文化领域具有很大的启导性，宋代新儒学的道统构建和思想理论深受其影响，宋元以来的道教和民间秘密宗教更是跟着佛教亦步亦趋。其神化利用关公、拉关公入教的创举所产生的效应正是如此，儒、道和白莲等教争供关公，极大地推动了以关公信仰和关公崇拜为特征的文化现象的形成。

第二节 关公崇拜与道教

道教属于多神崇拜的宗教，其神系构成极为庞杂，而且随着道教的发展演变，神祇还在不断增多，宋元时代不少传说中的人物和历史名人被道教徒或奉教者拉入玄门，载入道教典籍。关公就是其中的一个。

一般认为，最初拉关公入道的是宋徽宗赵佶，其标志是赐封关公为"崇宁真君"，实际上这种说法并不可信。宋徽宗统治时期确实是关公由人向神转化的重要时期。徽宗是一个狂热的道教崇奉者，掀起了道教发展史上的一次狂澜，曾给不少历史人物、传说人物赐予道号，但宋代文献中没有他封赐关公以道号的记载。《宋会要辑稿》和《续资治通鉴长编》保留下了徽宗加封关公最原始、最可信的记录：崇宁元年（1102年）十二月追封关公为忠惠公。大观二年（1108年）封为武安王。宣和五年（1123年）正月准礼部奏请，加封为义勇武安王。可见，没有"崇宁真君"的道号。当然，这不是说整个宋朝没有拉关公入道。据《咸淳临安志》卷73，南宋临安西溪法华山的关庙称为"清元真君义勇武安王庙"。"清元真君"也是道教封号，可现在无法知晓其由来，也不见后代使用。

"崇宁真君"这个道号最早出现宋元艺术作品之中。《宣和遗事》记载了一个关公"解州平妖"的故事：崇宁五年夏天，解州盐池有蛟作祟，第三十代天师张继先奉旨平妖，不旬

日平定妖祟。徽宗问天师使用何神平妖。张继先指一金甲美须介士示之，且曰："此即蜀将关公也。"当时三国戏剧对这个故事进行了改编，如《关云长大破蚩尤》描写赵宋始祖轩辕降临，宋帝立轩辕庙于解州。轩辕仇敌蚩尤因此作祟，枯竭解州盐池以要挟宋廷。王钦若奏请皇上召龙虎山张天师降妖。天师举荐关公出征。吕夷简奉诏赴玉泉山敦请，许以"重修庙宇，再盖祠堂"，赐封"崇宁真君"。关公率五岳四海名山大川阴兵平定蚩尤之乱。宋廷派翰林学士范仲淹立庙解州，赐号"崇宁真君"。此剧给道教利用关公以很大的启迪。

元朝末年第42代龙虎山天师张正常著《汉天师世家》，竟然把这个戏剧的虚构当成历史的真实写入书中，记述第30代天师张继先指挥关公及所率阴兵平定了解州盐池的妖孽，一起回朝拜见宋徽宗。"上惊，掷崇宁钱与之，曰：'以封汝。'世因祀为崇宁真君。"盖受《汉天师世家》的影响，解州关帝庙的主殿即称崇宁宫。从此，道教史书，如徐道所撰《历代神仙通鉴》以及《三教搜神大全》都大同小异地记载有关公解州平妖的故事，众口一词地称宋徽宗封"崇宁真君"，关公被道教利用的价值就是镇邪除妖。赵翼《陔余丛考》卷35《关壮缪》载，万历四十二年（1596年）"赐封三界伏魔大帝神威远镇天尊关圣帝君"。这个道号让关公超越张道陵、吕洞宾、丘处机等在道教中的地位，与道教始祖太上老君平起平坐了。关公既然被奉为与道教天尊等同的尊神，当然应该有《道德真经》那样的经书。事实上，关公没有文字著述，《宋史》明确地说："史称关云长通春秋左氏学，然未尝见其文章。"在关公著作方面明清道士和关公崇拜者做了大量的工作，署名为关圣的道教经典相继问世。主要有《忠义经》《觉世经》《明圣经》《三圣经》和《关帝笺》等五种。

道教研究者会发现，《正统道藏》中尚无关公的著述，而《道藏辑要》里关公不仅拉入仙班，而且还有不少署名经书。其中最著名的是《三界伏魔关圣帝君忠孝义真经》（简称《忠义经》）。该经由述志、鸿蒙、气数、世道、居处、配育、修建、游行、符讼、疾病、命运、摄生、瘟疗、太朴、欲界、雨肠、生人、业报、功名等十九章构成，其内容并无新意，盖融汇道教教义和儒家纲常而成。据第一章说，此经是关公六十岁时为强调三纲五常而传授的"微言"。经书前面有明朝兵部尚书杨溥的署名序。序中说，"《忠义经》十九章，皆侯自制也"，由北宋孙爽编述，南宋张守订梓，相传五百年而世人鲜知。嘉靖丙辰，杨溥巡抚荆楚，得此经于楚王之手，亲自校订重录，后贻都督刘显，"惮刻荒镇以作士气，以风忠义，且播之天下"。可见，《忠义经》传承清楚明白，井然有序。

清代中期又有《觉世真经》一卷流传。江西有徐白舫者，"用传注体撰《阐化编》十六卷，发挥义理，排比事实，博采志乘文集说部，去驳取淳以成书"，实为《觉世真经》的注释。冯桂芬为此书作序，称《觉世真经》为"关帝设教之书也，体裁与《太上感应篇》、《文昌阴骘文》同而自帝出之，则提撕警觉人人心也尤深，殆亦师严道尊之理然耶"。

清朝末期关公所著经书又增数种，《关帝明圣经全集》汇集了这些经书。此集内容十分庞杂，除"灵验记"、"戒淫言

行"、"诵经款式"、关氏世系图、"宝诰"等外,有《三官大帝真经》(简称《三圣经》)和《古佛应验明圣经》(简称《明圣经》)以及《关帝灵笺》,后两种影响尤大。《明圣经》共三卷。上卷解序,分成 5 段 116 句;中卷解经,分为 10 段 189 句;下卷解法,分为 4 段 116 句。用诗歌体裁写成,文字整齐,便于记诵。《灵笺》共为 100 笺,分为上上、上吉、下下、中平、中吉、中下等不同级别,每笺由预兆诗句、"圣意"、"东坡解"、"碧仙注"、"解曰"、"释义"和"占验"组成。这些经书及《灵笺》在民国时期广泛流传,至今在港台及沿海地区盛行不衰,起着普及关公信仰的特殊作用。20 世纪初期,朝鲜人金龙植、朴基洪还创立了唯一以关公命名的宗教——"关圣教"。该教在参拜关公神像时就诵读《明圣经》《三圣经》和《觉世经》,到 1941 年拥有信徒 2000 余人,关庙 7 座。

此外,一些秘密宗教也同关公攀亲结缘,其价值取向与道教相同,即伏魔镇妖。白莲教是佛、道及民间信仰混杂的秘密宗教,在南宋到明朝中期的漫长时间里所崇奉的神灵中没有关公。万历中,关公骤升大帝,显赫至极,庙貌遍及殊方绝域,信徒满天下。白莲教开始推奉关公。仿效天台宗编造关公受戒师罗而超凡入圣的神话,并以关公的名义制造经书。清人黄育梗在《破邪详辨》中提到《扩国佑民伏魔宝卷》《三人和合阪一品》《救封伏魔品》《万神拥伏魔品》《伏魔帝成证觉品》和《伏魔帝保当今品》等六种。

纵观道教利用关公的全过程,人们不难发现其中最核心的问题是"解州平妖"。它不仅首开道教与关公结合之先，而且确定道教利用关公的价值取向。唐宋以来，解州盐池被朝廷视为"天生之利"而加以神化，称说盐池是被黄帝战死的蚩尤的鲜血化成。唐大历年间朝廷赐池名，建盐风亭以祀盐神。贞元时盐神得到了"应灵公"的封爵。宋真宗晚年神化祖先，宣称赵氏为黄帝之后，导演"天书"闹剧。民间传说和戏剧作品就将解池的神异、真宗的"天书"同出生解州的勇将关公结合起来。道士们悟到了这种怪异说法的作用，遂毫不迟疑地把"解州平妖"写进道教史书，加以传播。道教的渲染与戏剧的表演互为表里，把关公佑国救民的壮举和法力无边的神异推向社会各领域、各阶层。根据所接触到的现存文献材料，宋、金、元所建关庙在40所以上，其中不少是百姓自筹资金建修的。那些饱读史书的记碑作者，如同恕《巩昌关庙记》、鲁贞《开化武安王庙记》，亦堪称关公"残而助国救民"。到明代，沈德符亦在《万历野获编》卷14《解池神祠加号》中说，关公"自以桑梓之乡，加意拥护，而盐池之功，遂超盐神而上矣"。可见，道教对关公的神化和利用确实起到了促进关公崇拜形成和发展的作用。

第三节　关公崇拜与儒教

儒是否可以称教，这是一个颇有争议的学术问题，本书不欲深入涉及，而只注重这样一个基本事实：关公是儒家崇奉的圣人，可以说，是儒家学说的理想人格，是纲常伦理的化身，

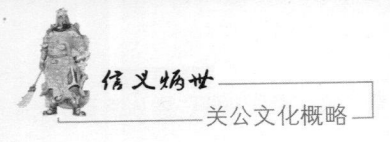

是儒家思想的集中载体。尽管佛教、道教都崇奉关公,但关公的造像并非佛士、道士装束,甚至在寺院、宫观里也是一副儒将派头:头顶绿色夫子盔,身着绿袍,一手梳理长须,一手执《春秋》。关于关公读《春秋》,《三国志》引《江表传》云:"羽好左氏传,讽诵略皆上口。"史称他有国士之风,盖略晓儒家经传。而后代儒士据此大加渲染,称其"三世皆习《春秋》",所建关庙亦特筑"春秋阁"(又称麟经阁),把关公的忠义神勇同尊王诛贼的春秋大义联系起来,再造出了一代儒将形象。《春秋》的尊王攘夷本旨与宋元时代节拍契合,故宋元儒学家最重"春秋学"。关公既好儒家经传,又诛乱讨贼,尽忠汉室,因而为捍卫传统文化的儒士所推崇。经过他们的精心修饰,关公堪称忠义仁勇的楷模,纲常伦理的典范,从而把深邃、抽象的儒学理论变成了通俗易懂、生动形象的东西,以实现其教化民众的目的。

不管佛教、道教徒怎样渲染关公同本教的关系,但在儒士们看来,关公只能是儒教圣人。清人黄育梗明确地称:

关圣学尊孔孟,志在《春秋》,固儒教之圣人也。

历代文士所作关公庙记数十篇,无一不以儒家纲常立说,极辞表彰关公的忠义。郝经《汉义勇武安王庙碑》称,关公当汉垂亡之际,与刘备、张飞聚义讨贼,使炎汉复存,皇统再续,是"仁之至,义之尽"。把关公的功勋劳绩同儒家仁义学说紧密联系起来,突出关公在儒学的显赫地位。同恕《关侯庙记》亦称颂关公：

> 精忠大义炳如日星，奇功伟烈书诸信史，操百诱而不动，事备千险而不移，其遗灵余音助发人心于无穷。

明清时期儒士们更是把关公抬高到与儒家圣人"孔夫子"相等的尊位，称"关夫子"。其基调与元代相同，仍然在"忠义"二字上下工夫。如方孝孺《关王庙碑》说，关公忠事昭烈，期复汉室，"其忠义之心，固足以服天下，而岂一世之雄哉！"徐阶在《重修三义庙记》中说："寿亭侯之事昭烈，其笃于君臣之义，千百世所仅有也。"商格奉救撰写宛平白马关王庙碑，亦颂"侯精忠大义，炳如日星，千载之下，凛然犹有生气"。

其实，尽管由唐而降的关公庙记碑文中，有不少因佛、道立说，但仍然在赞颂关公的忠勇义烈，在"义不称臣曹孟德，愤烈精忠贯金石"上做文章。托名关公的《忠义经》《觉世经》《明圣经》虽被收入道教经库中，但其内容仍然以儒家三纲五常为宗旨，署名杨溥所作《忠义经序》说：

> 维侯忠义昭宇宙，功烈垂史册，祠祀遍天下，黄考稚齿，极海穷边，靡不崇重。

冯桂芬《觉世阐化编序》虽明确地将关帝归于道教神祇，但结合所作《上海重建武帝庙记》看，仍颂其生扶汉室，殁救

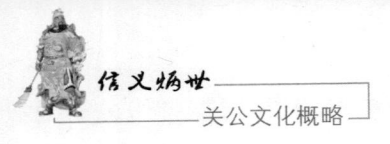

世人。

明清儒士颂扬关公尚有不同于宋元之处，突出表现有二：一是力辟佛、道两教的怪异邪说，维护关公的儒家圣人形象；二是伪造关公著述，使之允文，更加完美无缺。

唐宋以来，关公同佛、道的关系传遍了社会各个角落。严肃的儒士奉行始祖圣训，不言鬼乱神怪，视佛、道为异端邪说，因而不容许佛教、道教及秘密宗教玷污儒家塑造的忠义典范，同佛、道两教争夺关圣人。这可以说是明清儒士极力宣扬关公的特殊表现。明人陶辅在《桑榆漫志》中首先替关公辩诬，说：

> 关侯听天师召使，受戒护法，乃陈妖僧智顗、宋侯臣王钦若附会私言，至于降神兵诸怪诞事，又为腐儒收册，疑以传疑。

郎英亦力辟伽蓝之说，云：

> 玉泉显圣，罗贯中欲伸公冤，既援作普净之事，复揍合《传灯录》中，六祖以公为伽蓝之说，故僧家即妄以公与颜良为普安侍者。殊不知普净，公之乡人，曾相遇以礼。而普安，元僧，江西人，隔绝甚远，何相干涉？……此特衷公之甚。

郎英从文献资料、人物史实的角度说明关公与佛教毫不相干,显得比陶辅之论更有说服力,但以关公玉泉显圣始于罗贯中《三国演义》则误矣。清人张首所作《伽蓝辩》是辟关公护法的专论。他在探讨"释道各崇其教,今护法则争尚关帝"的原因上并无独到见解,却把关公在儒学发展中的地位抬得至高无上,称"圣帝忠孝节烈得统《春秋》,素王素臣心源独绍。自孔孟而后,扶名教,而植纲常者,赖有圣帝也"。又说:

> 以圣帝大义匡时,则古之圣人也;其楷模百代,则人之师表也。

据此,关公在儒教中的地位已越文公朱子、超亚圣孟子,与孔圣人并驾齐驱了。事实上,关圣人在社会上的影响力已超过了孔夫子。徐渭《蜀汉关侯祠记》说:

> 蜀汉前将军关侯之神,与孔之道并行于天下。然祠孔子者止郡县而已,而侯则居九州岛之广,上自都城,下至墟落,虽烟火数家,亦靡不构祠,肖像以临,球马弓力,穷其力之所办。而其酿也,虽妇女儿童犹欢欣踊跃,惟恐居成后,以比于事孔子者,殆若过之。

不管关公的艺术形象和完神造像多么儒雅,也不管儒学之士对关公的儒学地位抬举得有多高,事实上的关公却是一介武夫,这同宋元以来的尚文之风格格不入。据方孝孺《宁海关王庙碑》,当时对崇尚关公就有异辞,"人多谓侯特武夫之勇,

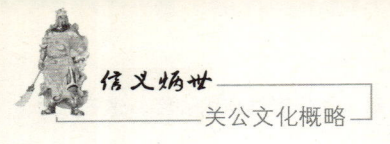

非有损益于世"。于是，关公崇奉者开始给关公增添文质，伪造著述。至今为止，已知署名关公的著作除前文论及者外，尚有关公的文集——《义勇武安王集》五卷。

关于文集的源流，据周亮工《重编义勇武安王集序》的交代：

> 自元漳滨隐士胡公辑其全，而明高陵吕文简为增修，共五卷。至虞山先生仍文简之旧，次第厘定之，为八篇。于是武安王之纪为详且尽。

这就是说，这个集子由胡琦初辑，吕楠增补，钱谦益厘定的。另据吕楠《武安王序》，胡琦乃巴郡人，文集原名《关王事迹》。在"版本模糊，文字缺谬，已不可传"的情况下，吕楠自己做了大量工作，所谓"申次其文，裁删其冗，采补其缺，或考诸蜀记，或质诸本史，或访诸《当阳志》，或问诸常平里，而王集成，凡六卷。"钱谦益又取胡、吕所集次第刊定，厘定为八篇，即本传考、故事考、谱系考、坟庙考、封爵考、神迹考、正俗考、艺文考。文集的基本内容除《忠义经》十九章外，就是关公的《三上张翼德书》《与陆逊书》《与张辽书》和《与曹操书》四篇。这些伪造的关公之作，虽由胡琦开端，但并非出于一人之手，也不是同一时代完成的。据周亮工《因树屋书影》卷十载，《三上张翼德书》曾为宋代书法家米芾书，为吴彬收藏，明代名儒焦竑摹刻北京正阳门关帝庙。结集以来，还有关公文字陆续问世。传说关公是书法家，用篆体写成"读好书说好话行好事作好人"、"愿天常生好人愿人常行好事"24字箴言流传后世,据说大儒朱熹曾为关公篆书作赞。明宣德年间,徐州建佛寺又发现关公竹诗两篇,其《风竹诗》云:

  不谢东君意,丹青独立名;
  莫嫌枯叶淡,终久不凋零。

其《雨竹诗》云:

  大业修不然,鼎足势如许;
  英雄泪难禁,点点竹头雨。

到康熙十七年(1678年)在关公故里常平村又有轰动一时的重大发现,士人于昌在关公投梦的指引下在枯井里发现了关公祖墓碑。据时任解州太守王朱旦所撰碑记,羽祖讳审,字问之,潜研《春秋》《易传》,绝意仕进。羽父讳毅,字道远,笃于孝。这样,不仅关公立有文字,"为六经之辅翼,四子之鼓次",而且有研习儒家经传的家学渊源,连祖、父名讳字号亦取自儒家经典《论语》和《中庸》。

《中庸》有"博学之,审问之"之语,《论语》则"士不可以不弘毅,任重而道远"之言。但当时就有学者对此发现置怀疑态度,如赵翼《陔余丛考》对此有专题考证,并得出了此碑内容不可信的结论。

　　明清时期骤然出现了这么多的关公著作，极大地弥补了关公"无文字传世"的缺陷，对于儒学纲常他不仅躬行践履，而且立有设教文字，从而使其儒家圣人形象更加丰满高大。在"以儒治世"的中国古代社会里，儒学之士对关公的表彰和修饰，对于关公信仰和关公崇拜向统治集团渗透起着重要作用，而封建朝廷需要关公这样的忠义楷模，用以导向臣子、教化百姓恪守纲常。从这个意义看，宋元明清各朝皇帝褒封关公的价值取向同儒家崇尚关公是一致的。正是互为表里的朝廷褒封和儒家崇尚，把关公崇拜这一文化现象推到了无以复加的狂热地步。

第七章　关公文化的内涵与特质

第一节　关公文化的含义与构成

在中国文化的研究中，"关公文化"还是一个全新的概念。尽管近年来海内外对关公文化的研究讨论颇为热烈，但不少人对关公文化是否存在还持怀疑态度。在一些人看来，关公是历史上的一员武将，虽有显赫的战功，也有明显的失误，是一位悲剧英雄。他不是孔子那样的文人和思想家，没有提出什么思想创见，也没有皇皇巨著流传于世。因此，没有什么关公文化。这是一种看似有理实际上十分肤浅和片面的认识。诚然，关公和孔子是完全不同的两个历史人物，关公文化也不具有儒家文化那样的特点。但不能由此得出不存在关公文化的结论。事实上，我们面对的关公与历史上的关公是不同的。就作为"历史人物"的关公而言，他的确没有多少"文化"可言。但"关公"却不同，他是后人对关公的尊称，包含着人们对关公肯定、赞扬的主观态度。由于人们长期的推崇和宣扬，关公已成为多种角色的复合形象。他既是"历史的真实"的关公，又是文学艺术中具有"艺术的真实"的关公，还是民众崇拜、信仰"想象的真实"的关帝。关公已成为中华民族传统道德文

化的完美偶像与集中载体，受到人们世世代代的顶礼膜拜。"关公庙貌遍天下，五洲无处不焚香"，"庙食盈寰中，姓名走妇孺"，就是对关公影响的真实写照。关公的精神已积淀为一种民族文化心理，对人们的思想和行为发生着广泛而深刻的影响。这难道不是一种文化现象吗？因此，把文化表现形式的不同等同于文化的有无是不对的。至于那种把关公看作"一介武夫"而否认关公文化存在的看法，则失之于表面性。如果关公仅仅是像吕布、张飞一样的武夫，那么历史上怎么会出现关公崇拜，而没有张飞崇拜、吕布崇拜现象呢？要搞清诸如此类的问题，就必须首先要搞清"什么是关公文化"的问题。

一 关公文化的定义

（一）文化的概念及其特征

人们对文化的理解远非一致。各门学科从不同侧面对文化所下的定义，林林总总，不少于250种。在我国的辞书中，一般对文化有广义和狭义两种理解。广义的文化指人类社会历史实践过程中所创造的物质财富和精神财富的总和，狭义的文化指社会意识形态，以及与之相适应的制度和组织机构；有时也特指教育、科学、文化、艺术等方面的精神财富，以与政治、经济、军事等方面的知识和设施相区别。

在西方的著作中，早期对文化的界定往往偏重于精神和观念形态方面。英国人类学家泰勒（E.B.Tylor）是最先提出文化定义的学者。他在1871年出版的《原始文化》（*Primitive Culture*）一书中说："文化是一种复杂的整体（Complex whole），其中包括知识、信仰、艺术、道德、法律、习俗及人们作为社会成员而获得的一切能力和习惯。"人类学家本尼迪克特（R.Benedict）在《文化的模式》（*Patterns of Culture*, 1934）中也对文化做了如下简要的表述："真正把人们结合在一起的是他们的文化、其共有的思想和准则。"美国语言学家萨丕尔（E.Spair）在《语言论》（*Language*, 1921）中指出："文化这名称的定义是：一个社会所做的和所想的什么。"后来人们修改和充实了对文化的看法，增加了实物文化。例如，美国学者萨姆瓦（L.A.Samovar）在《跨文化传通》（*Intercultural Communication*, 1985）中指出：文化是一种积淀物，是知识、经验、信仰、价值观、处世态度、赋义方法、社会阶层的结构、宗教、时间观念、社会角色、空间关系观念、宇宙观以及物质财富等等的积淀，是一个大的群本通过若干代的各人和群体努力而获取的。美国文化学家克鲁伯（Kroeber）和克拉克洪（Kluckhohn）在《文化：概念和定义的批评性回顾》（*Culture: A Critical Review of Conceptsand Definitions*, 1963）中指出："文化包括各种外显或内隐的行为模式，它通过符号的运用使人们习得或被传授，并构成人类群体的出色成就，包括体现于人工制品中的成就。文化的基本核心包括传统（即由历史衍生及选择而成）观念，尤其是价值观念。文化体系虽可被认为是人类活动的产物，但也可被视为限制人类作进一步活动的因素。"还有些学者（如奥斯华尔特，Oswalt, 1970）把文化分作两类：一类包括文学、艺术、音乐、建筑、哲学、科学技术成就等集中反映人类文明的各个方面，有时被称为"大写字母的

文化"（culture with a big C）；另一类包括人们的风俗习惯、生活方式、行为准则、社会组织、相互关系等，也即把文化看作一系列的特征，有时被称为"小写字母的文化"（culture with a small c）。

这样，文化的范围实际上包含了三个层面：①物质文化，它是通过人们制作的各种实物产品表现出来的，包括建筑物、服饰、食品、用品、工具等。②制度文化（行为文化），它是通过人们共同遵守的社会规范和行为准则表现出来的，包括制度、法规以及相应的设施和风俗习惯等。③精神文化（心理文化），它是通过人们思维活动所形成的方式和产品表现出来的，既包括价值观念、思维方式、审美趣味、道德情操、宗教信仰，也包括哲学、科学、文学艺术方面的成就和产品。概括地讲，文化即是人们所思、所言、所行、所为的总和。

文化是一种社会现象，它包括群体行为准则的集合，是人们通过他们的创造活动而形成的产物。文化同时又是一种历史现象，是社会历史的积淀物。每一代都继承原有的文化，同时也在不断扬弃和更新原有的文化，从而对社会文化的发展做出贡献。

文化具有鲜明的民族性、独特性，是民族差异的标志。而"共同意识"和"共同规范"则是民族文化的体现。在不同的生态或自然环境下，不同的民族创造了自己特有的文化，同时也被自己的文化所浸润、所塑造。

（二）关公文化的定义

对关公文化也可以从广义和狭义两个方面来理解和把握。

广义的关公文化是指关公文化中的精神层面与物质层面的综合体，它包括多种要素。狭义的关公文化，是指关公的思想观念、道德品质、精神气质，及其对社会精神生活的影响。

二 关公文化的构成

综前所述，关公文化是精神层面和物质层面构成的综合体系，其内容十分丰富。属于物质层面的有：①反映关公生活、征战情况的历史遗迹。包括关公生长之地常平故宅、桃园结义的涿州三义园、三英战吕布的荥阳虎牢关、挑袍辞曹的许昌灞陵桥、驻守荆州时的江陵城，以及其他具有传奇色彩的故地卓刀泉、点将台、洗马口、关公濑、捞刀河、掷甲山、显灵处等等。②为纪念和祭祀关公而修筑的关庙、关祠。包括名闻遐迩的中国三大关庙（解州关帝庙、洛阳关林、当阳关陵）、其他重要纪念地关庙、遍布城乡的大小关庙、皇家关庙、边关要塞关庙、美轮美奂的会馆关庙、港澳台关庙、附筑于各大寺观庙堂的关祠与关殿，以及全球各地华人聚集地的关庙。关庙是寄托和表达人们对关公的崇拜与景仰的最重要物质载体，也是集中体现关公文化的资源宝库。③附属于各类关庙建筑的历史遗物。包括碑刻、壁画、塑像、琉璃制品、石雕、木雕、砖雕、铸造品，以及相传为关公遗物的青龙偃月刀、汉寿亭侯印、磨刀石、饮马槽等等。

属于精神层面的有：①关公的"忠义仁勇诚信"精神。这是关公文化的核心内涵，是千百年来关公文化得以传承延续，并不断丰富、充实的内在"基因"。②人们对关公的信仰和崇拜。这种信仰和崇拜作为普遍的社会精神现象，对社会活动的各个方面都产生了广泛影响，进而衍生出约定俗成的民风民俗，带有神秘色彩的宗教仪规以及明文规定的祀典礼制等等。③咏颂关公的文学艺术作品。这既是促进关公文化流布与传播的重要力量，又是关公文化的一种重要表现形式。它包括小说、戏剧、曲艺、诗词、歌赋、楹联，以及雕塑、绘画等美术作品等等。④记载有关关公文化的历史文献。包括正史、方志、传记、文集、碑记，以及官方的谕旨、奏折、祭祝文本等。

第二节　关公文化的内容与形式

一　关公文化的内容

在关公文化研究中，精神层面是最主要的、内在的，是关公文化的灵魂；物质层面是形象直观的、外在的，是关公精神的物化体现。二者虽有区别，但都是关公文化整体内容的有机组成部分，去掉任何一部分，都会造成关公文化的残缺不全。

下面，就关公文化中的精神内容略加阐释。

关公文化的精神内容，包括制度层面、民俗层面或行为层面、心态层面等。

关公文化中的制度层面主要包括庙制和祀典两部分。所谓庙制即建庙的规定和制度。关公是人们心目中的神灵和圣人，为其建庙是庄严而神圣的大事，封建统治者十分重视，制定了

各种严格的规定。尤其在清朝,由于把关公作为护国神,其庙制具有代表性。《清会典》中定制:

> 南向,庙门一间,左右门各一,正门三间,前殿三间,殿外御碑亭二,东西庑各三间,东庑南燎炉一,庑北斋室各三间,后殿五间,东西庑及燎炉与前殿同,东为祭品库,西为治牲间,各三间。正殿复黄琉璃瓦,余为筒瓦。

全国城乡各地关庙,无论京都还是边陲,无论是官造还是民建,规格统一,无一例外。其建筑等级之高,与皇陵、宫殿相同。建筑所用琉璃瓦,是皇宫建筑材料,琉璃瓦面是最高等级建筑物的标志,是关公所处的最高社会地位的象征,显示了华夏第一神的无上权威。

祀典即封建国家的祭祀典礼,它是王朝对于祭祀的礼制、礼典。"国之大事,惟祀与戎",是封建统治者维护江山稳固的信条。"祀与戎"即文、武两手,文治武功,是封建王朝最重要的两件大事。为办好祭祀这件大事,封建王朝都制定有严格的制度。清朝正式把关公列为国家祀典,不仅每年按时遣官致祀,而且帝王在深宫秘祀,可谓笃信至诚。康熙时,诏以太牢祀。雍正时,通行直省所属府州县,择一关帝庙之大者,在供奉关帝主神的后殿致祭。清代的国家祭祀分三等:天坛、地坛、社稷等祀为大祀;天神、帝王、孔子等祀为中祀;贤良、昭忠等祀为群祀。关公先为群祀,后升格为中祀。祀典规定祀

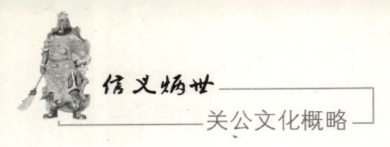

期:每年三祭,即春、秋两季仲月(农历三月、八月)初一,农历五月十三日(关公诞辰)祭器略逊大祀,用爵三、豆十、盏二、尊一等,各种规定的祭品,玉、帛、牲宰等盛于祭器;关帝神案前,设白色礼神制帛一,神位前用太宰(羊、牛、豕各一)。致祭由皇帝派人作祭官,到关庙行礼,致祝辞。春、秋、五月十三日致祭各有祝辞。春、秋祭的祝辞是,维某年、月、日,皇帝遣某官致祭于关帝之神曰:

惟神秀毓山河,名垂今古。英风正气,世历久而弥新;大节纯心,史相传而莫匹。念神灵之显著,命典礼以优隆。兹当仲春(秋曰"仲秋"),用昭时享,尚其歆格,鉴此精虔。尚享!

在关公神位前,承祭官要像拜见帝王一样行三跪九叩大礼。堂子祭天是清朝皇宫特有的重大活动,关公是其所祭祀的主神之一。堂子的建筑规格有严格的规定。祭天也有一套礼仪规定:元旦拜天,先于十二月二十六日将关公等神位供于堂子。五鼓时,掌仪司以内监十六人舁黄锻神舆至坤宁宫外。司俎二人各捧朝祭神位、夕祭神位,安奉舆内,内监舁行。导以御杖并官员等,按特定路线,将神供奉于堂子享殿内。黎明时,皇帝出宫,至堂子内门降舆,入中门,诣圆殿就拜位,南向,率王公行三跪九叩礼。祭祀的祝辞是:

上天之子、佛及菩萨、大君先师、三军之帅、关圣帝君，某年生小子，某年生小子（为某人祭则呼某人本生年），今敬祝者，贯以九盈，具八以呈，九期届满，立杆礼行。爰系索绳，爰备粢盛，以祭于神灵。

此外，"月祭"、"立杆大祭"、"浴佛祭"、"马祭"（即每年春、秋季月于堂子圆殿祭祀所乘之马）等祭祀，都把关公作为祭祀的神灵，每种祭祀都有内容不同但同样恭敬虔诚的祝辞。在香烟缭绕中，从皇帝到大臣，向冥冥之中的关老爷三跪九叩，顶礼膜拜，乞求这位军神、护国神、万能之神的保佑。

与堂子祭天同样重大的坤宁宫祀神，也以关公作为所祭的一位主神。坤宁宫为皇帝的寝殿。这里的祭祀有元旦行礼、日祭、月祭及翼日祭、报祭、大祭、四季献神等，其中的日祭还分为朝祭、夕祭，足见礼拜之勤。祭拜时还要诵祝辞。正月初三及每月初一朝祭的祝辞：

今敬祝者，丰于首而仔于肩，卫于后而护于前，畀以嘉祥兮，齿其儿而发其黄兮，偕老而成双兮，年其增而岁其长兮，根其固而神其康兮。神兮贶我，神兮佑我，永我年而寿我兮。

这些祝辞并非祭祀时的一种形式或官样文章，而是各有其真实的内容，体现了祭祀活动的根本目的。因此，它体现了皇帝及王公大臣们的真实思想，是其内心世界的表白，潜意识的

流露，是与神灵的沟通，是祝愿者的最高愿望，最虔诚的祈祷。封建王朝这种浸透宗教迷信意识的祀典，已远远超出一般社会心理的范围，而是一种充分反映封建帝王意愿的制度文化现象。

关公文化的民风、民俗内容，主要包括各种传统的纪念关公活动，如全国各地的关公庙会、关公节，国内及海外华人中普遍存在的供奉关公神像，祭拜关公时的抽签、问卜活动等等。庙会是中国传统的文化经济活动，关庙遍天下，关公庙会也就遍及全国各地。从东山海岛到丝绸古道，从黄土高坡到乌苏里江，大凡所建关庙之处，都要举行各种内容的关公庙会。特别是荆州、解州等当年关公活动过的地方，关公庙会规模盛大，内容十分丰富。在荆州古城关公祠，每年正月和农历五月十三日，都要举行大型庙会，其时，演关公戏的，展出关公纪念品的，舞龙灯的，划采莲船的，骑马射箭的，吹喇叭抬轿子的，在关帝庙内外闹得热火朝天。山西解州关帝庙是全国关庙之最，庙会的历史悠久。过去每年四月一日，这里八乡百姓云集，商贾小贩汇聚，人山人海，熙熙攘攘，热闹非凡。20世纪90年代以来，这里的关公庙会发生了质的变化，由过去的民间自发行为发展为由政府出面组织，并且由庙会发展为关公文化节，至今运城市已连续组织领导了20余次大规模的活动，其时海内外关公崇拜者和商贾汇集，堪为关公文化大展现：关公锣鼓、关公戏剧、关公文物展览、关公电视剧、关公古迹游览，好戏连台。尤其是每年金秋十月的庙会期间，都要在解州关帝庙举行规模盛大、隆重空前的"关帝金秋大祭"，海内外关公信徒虔诚地祭拜关老爷。祭祀的程序是：鸣鼓、迎神、行初献礼、奠玉帛、上香、进俎、行亚献礼、读祝文、行终献礼、饮福酒、送神、望燎、献艺、礼毕、上布施。每年农历五月十三日，在关公的诞生地——常平村进行大型祭拜活动。全国的许多关庙，都举行关公诞辰、关平生日、关公殉难日的祭祀活动。这种风俗习惯经过漫长的岁月，已深深地印在人们的心里，成为一种自发的行为。在改革开放的形势下，随着关公文化对内对外交流的活跃和发展，关公庙会、关公节日及供奉关公神像的民间风俗得到进一步强化。市场经济的发展，促使人们更加向往富裕，被尊称为"武财神"的关公，被广泛地供奉在民宅、商店、宾馆、饭店，许多歌厅、酒吧间，关老爷也被供奉在显著位置。在市场经济比较发达的东南沿海地区，这种现象十分普遍。人们借以表达对关公的崇敬之情，希望这位"武财神"和"万能之神"保佑自己平安、发财、幸福。

关公文化中观念形态的内容，是关公文化最深层次、最本质、最重要的内容，集中体现了关公的思想、道德和精神，它包括：忠、义、仁、智、信、礼、勇。

忠，是关公文化的首要内容。所谓忠，过去是指对皇帝的绝对忠诚，即忠君。对关公来说，就是对汉末皇帝汉献帝、蜀汉皇帝刘备的忠，对刘汉皇权的绝对服从。忠君，是封建社会最高的政治原则和道德原则，也是封建社会最重要的价值观念和思想准则。这是由封建社会的政治、经济状况决定的。封建社会是封建帝王的"家天下"，"普天之下，莫非王土。率土之滨，莫非王臣"。皇帝就是国家的代表。在这种社会基础上

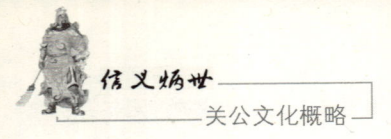

产生的忠君观念，在本质上是把君作为国家的代表，"忠君"的背后，是一种深层的国家意识，有着深厚的历史文化基础。忠君，是封建社会占主导地位的价值观，经过统治阶级的大力宣扬，已深深地根植于人们心中。造反、弑君等任何有损皇权的行为都被看作是十恶不赦的罪过。只有绝对效忠皇帝，才是封建社会的道德楷模。关公正是一个理想的忠君典范。关公与刘备、张飞"桃园三结义"，誓愿"上报国家，下安黎庶"，这是关公忠的内容，也是其终生的行动纲领。为实现这一目标，关公一生忠心耿耿跟随刘备，"稠人广坐，侍立终日，随先主周旋，不避艰险"。无论顺境逆境，从未动摇过对刘备和汉王朝的忠诚。最能体现关公忠诚的是降汉不降曹，最终又辞曹归刘一事。当下邳失陷，关公被困土山，张辽以"三罪说"劝降时，关公则以"三约"作为投降条件。"三罪"、"三约"都围绕一个"忠"字。"三罪"是说不降而死是不忠，"三约"则说只有"忠刘"才能投降，投降是为了"忠刘"而非求生。这样，看似"背刘"的投降就成了"忠刘"的不得已之举。投降之后的种种表现也充分体现了关公"身在曹营心在汉"的"忠刘"精神。辞曹归刘则更是"忠刘"之壮举。面对曹操百般拉拢利诱，关公"忠刘"之心坚如磐石。曹操让张辽去探问："玄德待兄，未必过于丞相，兄何故只怀去志？"关公回答道："吾固知曹公待吾甚厚。奈吾受刘皇叔厚恩，誓以共死，不可背之。吾终不留此。要必立效以报曹公，然后去耳。"辽曰："倘玄德已弃世，公何所归乎？"公曰："愿从于地下。"这斩钉截铁的回答，充分表现了关公"义不负心，忠不顾死"的决心。当关公得知刘备下落后,毅然挂印封金,不避千难万险,过关斩将,千里寻兄去了。对于这种去安及危,效忠刘汉王朝的忠义行为,后人有诗赞曰:

彻底一忠,耿耿乎生死不相背负;
横绝千古,洋洋哉云天常著英灵。

劲气常摩星斗,精忠直薄云天。

关公与刘备,除了君臣关系之外,还有兄弟与朋友的关系。因此,人们往往认为,关公的忠,除了忠君之外,还有忠友的含义。此议不无道理。但即便如此,忠友对于忠君来说,也只是从属的意义,因忠君是高于一切的,而且刘备这个"兄友"本身就是"大汉皇叔",而非一般的兄弟朋友。所以,忠友的本质还是忠君。而且,忠,一般是就君臣上下等级关系来说的。义,才是处理横向人际关系的范畴,朋友之间的关系一般用义来概括。宣扬忠君思想是封建统治者用来束缚人民,维护其统治的重要手段,其实质就是要人民群众俯首帖耳地被统治,各级大臣官吏忠心耿耿为皇帝效力,以维护皇权的绝对权威、皇帝的九五至尊。这就是历代帝王屡屡加封,把关公推崇为忠君典范的目的。

义,是关公文化最重要的内容。在关公精神的诸因素中,义的含义最丰富,涵盖面也最为宽广。关公文化中的义,有两方面含义,第一方面的含义是正义、义气、侠义,这种含义比

较接近义的本来意义,是义的一般意义。因为在中国文化中,义的原义是指合乎一定的道或理,符合某种标准。符合某种标准的行为就称为义,可以引申为正义。它是处理一切人际关系时的道德观念和标准的总概括。这种义又具有先秦时期的侠义精神,关公与刘备、张飞结盟之纽带就是一个"义"字。义伴随了刘、关、张的一生,以结义始,以死义结。这个"义"就是"同心协力,救国扶危"的誓言所表达的堂堂正义。桃园结义,三人共誓:

不求同年同月同日生,只愿同年同月同日死。皇天后土,实鉴此心。背义忘恩,天人共戮!

这就是彪炳千古的兄弟义气。为实践这种义气,在关公被害后,刘备宁舍弃江山社稷,也要为关公报仇。最终,刘备、张飞双双为报仇而死。这就是对后世产生了极大影响的义气。关公的侠义最明显地体现在两件事上:其一,是在家乡怒杀豪霸,为民除害。据《关帝全书·圣迹图志·出告庭闻》载:

圣帝二十岁,告父母曰,儿已有后,足奉祖祢,今汉室将尽,宵小盈庭,谁为扶红日照人心者?遂诣郡陈时事。

又据《关圣帝君圣迹图志全集·全图考·悯冤除豪》释文曰:

第七章 关公文化的内涵与特质

圣帝至旅舍,闻邻人哭甚哀,叩之乃韩守义也。遭郡豪吕熊荼毒。吕党连七姓,黠猾事,蔑职纪。圣帝眦裂发竖,命守义至七所,悉斩杀之。

此事即为陈寿在《三国志》中所记"亡命奔涿郡"的原因。按一般情况,杀人是犯律法的,但人们却不这么认为,而把它看成是正义行为,就是因为它体现了社会下层民众所推崇的行侠仗义精神。其二,是许田围猎时欲杀曹操。这件事《三国演义》有详细描写,《三国志·关公传》正文未记载,但在注释中记述了这件事:

《蜀记》曰:初,刘备在许,与曹公共猎。猎中,众散,羽劝备杀公,备不从。及在夏口,飘摇江渚,羽怒曰:"往日猎中,若从羽言,可无今日之困。"

《关帝全书·圣迹图志·许田愤奸》也记述了这件事,在围猎中,关公见曹欺君,"帝不禁大怒,提刀拍马,欲出斩曹"。刘备因"恐投鼠忌器"而予以制止。从如上记述,可知确有其事。在曹操有十万军士护卫的情况下,关公出于忠君的义愤,意欲除奸,足见其不顾风险,舍生取义的豪侠义气,"大义参天"的精神。关公的义气,最令人折服、被人称道的还在于:它不仅对兄弟、对朋友讲义,而且对敌人也讲义。这体现在华容释曹一事上。当初关公在曹营被厚待,挂印封金离曹营时关公曾留书曹操曰:"新恩虽厚,旧义难忘。……其有余恩未

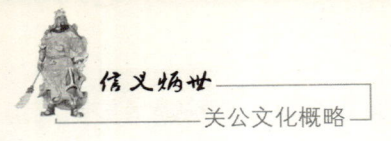

报,愿以俟之异日。"在曹操赤壁之战大败路过华容道时,关公甘冒杀头之危险(已立军令状),放过曹操。对这种纵敌行为,人们不仅不予以谴责,反而歌颂道:"只为当初恩义重,放开金锁走蛟龙。"原因就在于此举突出了关公知恩必报,一诺千金,义重如山的品格。关公被俘后在曹营的一言一行,都体现了对刘备的义的精神,赢得了曹操的高度评价。在《三国演义》第二十五回"屯土山关公约三事,救白马曹操解重围"中,曹操就曾三赞关公的义气。第一次是当关公提出要曹操退兵,让他回城向二位嫂嫂报告投降一事时,谋士荀彧怕有诈,操曰:"云长义士,必不失信。"第二次是当曹操赠袍与关公,关公却把旧袍罩在新袍之上,以表示"不敢以丞相之新赐而忘兄长之旧赐"。操叹曰:"真义士也!"第三次是当张辽说,关公"终不可留"时,曹操又一次叹曰:"事主不忘其本,乃天下之义士也!"还有人写诗叹曰:

威倾三国著英豪,一宅分居义气高。
奸相枉将虚礼待,岂知关公不降曹。

关公一生对刘备做到了"义不负心",在麦城之败后,终于"舍生取义"。关公的正义、义气、侠义,是关公文化中义的基本内容。

关公文化中义的第二方面内容,即忠义、仁义、信义、礼义等,是引申的义,特殊的义。桃园结义的誓愿"上报国家,下安黎庶",就是忠义的内容。辞曹归刘是关公忠义最集中的表现。这里的义即兄弟之义、朋友之义，是从属于忠——忠君、忠于刘备的，是与忠相统一，以忠君为前提的。这才是统治阶级所提倡的义。而一般的正义、义气、侠义，如杀豪强、杀官扶贫的义，反映了社会下层群众的利益，是他们所推崇的义，这种义对统治阶级来说，是"以武犯禁"，只会鼓励民众不安分守己，造成社会动乱，因此是受到坚决反对的。所以，关公的义，具有两面性，作为一般的义气、正义、侠义，它为社会下层群众所拥护；作为忠义，代表了封建统治者的利益。这也同时说明了关公的义具有最大的包容性，具有最广泛的社会基础，既有被社会上层拥护的方面，又有代表社会下层群众利益的一面。不同的社会阶层，在关公的义上求得了共同点，这就是关公之所以世代被官民共崇，形成超阶级的"全民之神"的内在根源。千百年来，历朝历代的帝王，无不极力推崇关公；封谥不断，虔诚祭拜，归根到底，就是看中了关公的忠义。清代顺治皇帝特意在关公的封号中加上"忠义"二字，乾隆皇帝唯恐对"忠义"强调不够，专门颁旨改谥，规定谥号必须加"忠义"。这样做的目的，就是要把关公塑造为一个理想的忠君典范，让人们顶礼膜拜，永远忠于封建王朝。相反，世世代代的社会下层群众虔诚地敬仰关公，是把关公看成行侠仗义、除恶救贫、扶危解困的英雄豪杰。梁山好汉等造反义军、各种带有宗教色彩的帮会组织和社会团体，乃至一些黑社会组织，都把关公的义气、侠义作为维系内部关系的精神纽带和支柱，以此来凝聚力量，开展活动。因此，关公的义深得人心，在基层群众中有着深厚基础。忠义作为封建社会有主导意义的

价值观念,曾吸引无数的卫道士去追求"忠义双全"的境界,但几乎所有的人都失败了,如岳飞就是一例。唯有关公实现了忠与义的完美结合。你看他,辞曹归刘,忠得多么彻底;华容释曹,又义得多么潇洒!真是"彻底一忠","义贯千古"!为人们树起了一面忠义的旗帜。正义、义气、侠义、信义、仁义、情义、礼义,等等,作为重要的社会伦理道德观念和价值准则,已被广大的群众特别是社会下层群众所认可、推崇和继承,成为一种社会文化现象。关公被称为"义神"、"义绝",其义囊括了义的全部精髓,体现了中华民族的民族精神,是中华民族文化的重要组成部分。

仁,是关公文化的又一内容。所谓仁,即爱人。《论语·颜渊》中写道:"樊迟问仁,子曰:'爱人。'"有仁爱、仁慈、仁厚、仁道、仁义等含义。其基本含义是指爱心与爱人之心。关公不仅勇武绝伦,而且宽厚仁慈。正如曹操的谋臣程昱所言:

> 云长傲上而不忍下,欺强而不凌弱;人有患难,必须救之,仁义播于天下。

正是这番话,促使曹操在华容道以旧情打动了关公,从而脱险。华容释曹最突出地表现了关公的仁义之心。《三国志·吴主传》记载,曹操在赤壁大战中,大败于蜀吴联军,战船被烧,"士卒饥疫,死者大半。备、瑜等复追至南郡,曹公遂北还"。仓皇逃窜至华容道时,"遇泥泞,道不通,天又大风,

第七章 关公文化的内涵与特质

悉使赢兵负草填之,骑乃得过。赢兵为人马所蹈藉,陷泥中,死伤者甚众"。真是狼狈不堪。曹操动之以情,关公则产生恻隐之心,"又见曹军惶惶,皆欲垂泪,一发心中不忍",于是便放走了曹操。"云长回身时……大喝一声,众军皆下马,哭拜于地。云长愈加不忍",于是"长叹一声,并皆放去"。关公这种仁具有超乎常人的意义,因这已不是对主、对兄、对友的仁,而是在以刀枪相见、你死我活的战场上,对敌的仁!而要做到这种仁,则需付出巨大的代价——冒杀头之危险,这是关公心里很清楚的事。这种为了拯救他人,而且是敌人,而宁愿牺牲自己的舍己为人之精神,在中国传统文化,特别是儒家的伦理道德观看来,无疑是一种十分高尚的"杀身成仁"的"忘我"境界。因此,华容释曹一事被人们看作是表现关公大仁大义的壮举,千百年来受到称颂。尽管这在一般人看来是一种不分敌我的行为,是愚蠢的"宋襄之仁"。关公对敌人都能做到仁,对友、对下级、对一般人的仁,当然不在话下了。《三国演义》等文学作品记述和描绘了关公平生无数的仁义之举,如他善待卒伍,接近普通人,义释貂蝉,在曹营因"二嫂思兄痛哭,不由某心不悲"而落泪,等等。也正是由于关公平常对自己人的仁,才有在对敌对己都生命攸关之时对敌之仁。没有前者,就没有后者;前者是后者的基础,后者是前者的升华。关公不仅生前是位仁爱之人,而且死后更成为仁爱之神:抗敌护国,救灾保民,扶贫济困,惩恶扬善,祛病疗疾,辟瘟禳灾,还可以科场促考,佑人发财,甚至还有给人"送子"的神通,真是一位做尽了善事的菩萨!总之,在人们的眼中,关公是什

么好事都办的仁义之神。当然,这不过是人们的一种美好愿望和期盼。但也从一个方面说明,仁是关公文化中具有丰富内涵的一部分。"仁"是中国伦理学说中最重要的范畴,是儒家文化的核心,可以说是中国道德精神的象征,是中华民族的共德和恒德。"仁"不仅是各个历史时期,各种道德中最基本的也是最高的德目,而且也是世俗道德生活中最普遍的道德标准。在中国文化看来,仁是人之所以为人的根本特征,"仁"与"人"、"道"是同一的。"仁也者,人也。合而言之,道也。""无恻隐之心,非人也。""仁远乎哉?我欲仁,斯仁至矣。"仁发端于人类共同生活中形成的"恻隐之心",即同情心,基于人们家族生活中的亲情。孟子曰:"恻隐之心,仁之端也。""仁"的核心是爱人,"仁者爱人"。孔子曰:"志士仁人,无求生以害仁,有杀身以成仁。"孟子曰:"何必曰利?亦有仁义而已矣。"又把仁、义、礼、智作为人之"四端",而仁为"四端"之首。由此可见,仁是儒家精神的精髓,是儒家世界观的核心和行为的最高准则。关公熟读《春秋》,深谙儒家精义,并身体力行,实践了仁的精神。另一方面,关公之仁,也是儒家文化塑造之功。关公被儒家称为"圣人",与孔子齐名,在儒家文化占统治地位的中国,经过世世代代的宣扬,关公就演变成为人们理想中的仁义典范。反过来,关公这一仁义典型,又为中国传统文化,尤其是儒家文化增添了富有特色的内容。

智,是关公文化的又一内容。所谓智,即智慧、智谋、智能,引申为有知识、有文化、有计谋。关公是一员武将,但并非一介武夫,还具有一般武将所没有的长处——文,是一位具有儒雅风范的名将。关公的智、文，表现在其平生的活动与人们对其崇拜行为中。水淹七军等征战事迹就是关公智勇双全形象的写照。关公一生喜读《春秋》，最为人们所称道。清代人张鹏翮赞关公"春秋之旨，独得其宗"。此外，相传关公还有少量著述，如书信（致曹操、陆逊等人）、书法（"四好"）、绘画（风、雨竹）与诗（不谢东君意，丹青独立名。莫嫌孤叶淡，终久不凋零。）以及《忠义经十八章》《关圣帝君觉世真经》等。所谓关公的著述书画，有些可能是关公的，如书信一类。有些很可能是附会，即后人或好事者附加于关公的。但这确实反映了一种意愿，即希望关公具有能文能武的理想的"完人"、"圣贤"人格。特别是关于"读好书，说好话，行好事，做好人"的"四好"格言，更体现了人们的美好愿望。关公曾谆谆告诫儿子关平："凡将者，不识文，愚者也！"从一个侧面说明了关公的爱智慧、重智慧。关于"夫子"的称谓，也充分反映了人们对关公文、智的赞颂和崇敬。"夫子"是旧时对学者的称呼，也是对一般文人的称谓。称关公为"夫子"，既体现了人们对关公文、智的肯定和赞扬，更反映了人们对关公的某种期盼，反映了人们力求塑造关公完美形象的追求，反映了人们对理想的完美人格的向往。清代文人毛宗岗在讨论《三国演义》时，曾把诸葛亮称为"智绝"。而关公却是一员武将，武勇是其本质的主要方面，没有像诸葛亮那样的智慧。但人们岂能容许自己心目中的圣神有缺陷？于是就有了关公的种种"文"的表现，这样，关公就不仅武勇"绝伦"，而且"智慧"超人。人们追求完美的本性最终把关公塑造成为理想的圣人

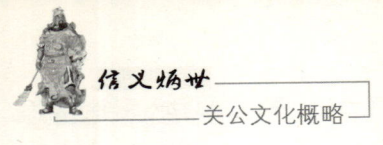

神明。

信,是关公文化的又一内容。所谓信,是指守信用,重承诺,这是关公的重要品质。关公与刘备一旦结义,终身恪守,无论环境如何艰险,诱惑多么强大,从未动摇。对关公在曹营虽受厚恩,然"常怀去心",曹操感到不理解,派张辽去探问。关公则明确回答,他曾与刘备"誓以共死,不可背之"。对于曹操的恩义,则"要必立效以报曹公,然后去耳",一诺千金,说到做到。在解白马之围后,毅然决然离曹而去,五关六将也难以阻挡。在辞曹书信中,关公曾许下诺言:"尚有余恩未报,俟他日以死答之。"《关帝圣迹图志·圣帝文辞》中的"帝归先主谢曹书"云:"他日幸以旗鼓相当,退君三舍,意亦如重耳之报秦穆者乎。"又云:

> 窃以日在天之上,心在人之内。日在天上,普照万方;心在人内,以表丹诚。丹诚者,信义也。羽昔投诚之日,有言曰,主亡则死,主存则归。新受明公之宠顾,久蒙刘主之恩光。丞相新恩,刘公旧义。恩有所报,义无所断。今主臣得会,觅迹求功,斩颜良于白马,诛文丑于南坡。丞相之恩,满有所报。其留所赐之物,尽在府库封缄。

关公这些关于信义的表白及郑重许诺,字字真诚,掷地有声。后来,在赤壁之战中,关公果然宁愿违犯军令状被杀头,也要在华容道放走曹操。在三国人物中,关公可以说是"信义卓著"的名将,作为关公敌对势力的曹操,对其信义也深信不疑。前述关公降曹时要曹退兵,别人怕其中有诈,曹操却坚信关公"必不失信"。如果说关公的义到了超越敌我的程度,那么关公的信同样超越了敌我。纵观关公的生平活动,信是其思想行为的重要准则,关公已成为信义的化身。关公的信有着深厚的民族文化底蕴。在中国的传统文化中,特别是对儒家文化来说,信是一个重要范畴,它既是政治上的治国原则,又是伦理上的行为准则。孔子说:"千乘之国,敬事而信。"并把"足食、足兵、民信之矣"作为为政的三大要领。三者之中,"信"又是最根本的,因为"自古皆有死,民无信不立"。以信为本,取信于民,是重要的治国安邦之道。孔子把信作为做人的根本,"人而无信,不知其可也"。"信"的基本要求是言行一致,"言必信,行必果"。"信"不仅可以熏陶人诚实的品质,也是取得他人信任的前提。"与朋友交,言而有信","朋友有信"历来是中国人交友的基本准则。孔子甚至把"老者安之,朋友信之,少者怀之"作为自己的平生志向。汉朝董仲舒提倡"独尊儒术"之后,中国传统道德更是把信和仁、义、礼、智并列为"五常"之一。守信用,讲信义是中国人公认的价值准则,是中华民族重要的传统美德。经过千百年来的传播和发扬,诚实有信,言而有信,已深深地积淀在人们心底,成为普遍的社会文化心理。信的精神,是关公文化中闪光的思想,受到世人的普遍赞誉和推崇,有着永恒的生命力。

礼,是关公文化的又一内容。所谓礼,有两层含义:其一是指人们日常生活中处理人伦关系的礼仪、礼节,属于社会文

明礼貌、伦理道德范畴。中国是举世闻名的礼仪之邦,知礼、好礼,注重礼义是中国人立身处世的重要道德准则,是一个人安身立命之本及其人格的标准。《诗经》云:"人而无礼,胡不遄死?"孔子更强调"不学礼,无以立"。"礼"是中国传统文化的重要内容。中国传统文化认为,礼是人区别于动物的标志。《礼记·冠义》云:"凡人所以为人者,礼义也。"中国伦理文化从一定意义上可以说就是"礼仪文化",礼节、礼让、礼貌,充分体现了中华民族的传统美德。其二,是作为社会制度的礼,即礼制。如孔子所讲的"克己复礼"之礼,属于社会政治范畴。这种礼是治国安邦之本。《左传·隐公十五年》云:"礼,经国家,定社稷,序民人,利后嗣者也。"关公所遵循的礼,首先是忠君之礼,这表现在他对刘皇叔忠贞不渝地拥护。其次,是处理人际关系的伦理道德范畴的礼。二者是密切联系在一起的。关公的尚礼精神,突出地体现在对刘备及其二位皇嫂的尊重上。《三国志》记载关公跟随刘备"稠人广坐,侍立终日",俨然是刘备一个忠实护卫。对甘、糜二夫人毕恭毕敬,礼数十分周到。当土山被困,关公打算"三约"归曹,尚不敢擅自决定,而要向两位皇嫂请示,"我不曾得嫂嫂主意,未敢擅便"。待皇嫂首肯后,才做最后决定。在这里,关公显然是把嫂嫂当作主人刘备来看待,严格按照"君为臣纲"、"长幼有序"的礼数来办事的。在归降的路上,关公请二嫂上车,亲自护车而行。安歇馆驿,曹操欲乱其君臣之礼,使关公与二嫂共处一室。关公乃"秉烛立于户外,自夜达旦"。在曹营,关公"却又三日一次于内门外躬身施礼,动问'二嫂安否'。二夫人回问皇叔之事毕，曰'叔叔自便'，关公方才退回"。当得知二夫人哭倒于地时，"关公乃整衣跪于内门外"，询问事因。在千里寻兄途中于一村庄遇胡华，在其家，二夫人至草堂上，"关公叉手立于二夫人之侧"。老人请他坐，他却说："尊嫂在上，安敢就坐！"真乃诚惶诚恐，不敢越雷池一步！在整个保护二位夫人期间，关公始终把二位夫人的安危作为最重要的事，严守君臣礼义和"男女授受不亲"的道德原则，对二位夫人礼敬有嘉，堪称遵守儒家礼义的典范。《关帝全书·圣迹图志·禀命收仓》的释文说，关公在往汝南寻刘备的路上，遇周仓，周仓要跟随关公，关公不自作主张，而是禀二位嫂嫂，由于甘夫人不同意收留，关公便"辞仓"。但周仓态度既诚恳又坚决，一定要追随关公。"帝察其诚，复禀二嫂，命收之。"在这件事上，关公完全是按照"君君、臣臣"的封建礼义办事，丝毫不以两位夫人的保护者自居，而是一再请示，严格听命于二位夫人，真是做到了俯首听命，唯命是从，是一位遵守封建礼义的典范。关公之礼亦有"彻底"、"一贯"的特点。不仅对主人、兄嫂施之以礼，对敌也以礼相待。当得知刘备在袁绍处，陈震让他马上就走时，关公却要待"辞却曹操"然后再走。说："吾来时明白，去时不可不明白。"这表明他做事光明磊落、"君子坦荡荡"的情怀礼义。当陈震问，如果曹操不让走怎么办？关公回答说："吾宁死。"表明了关公崇礼已到了视死如归的境界。《三国演义》的精彩描绘，使关公崇礼形象高大而丰满，散发出儒家礼义精神的光芒。当然，关公对刘备及其夫人的礼义，不仅是对兄长、朋友的礼，更是对皇权

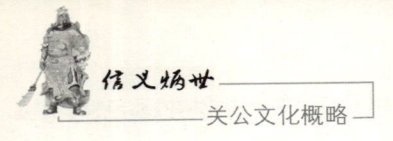

无上权威的尊重和崇敬,是对君主、主人的礼义。关公作为礼义典范,其尚礼精神是儒家文化、关公文化中不可或缺的重要组成部分。

勇,是关公文化中别具特色的重要内容,也是关公精神的显著特点。勇即勇敢、勇武、无所畏惧、一往无前的精神。关公之所以被社会各阶层广泛敬仰和传颂,勇武神威是一个最基本的原因。勇是关公文化最表层,也是最明显直观的内容,最容易被人认识和接受。对关公勇武的认识,并不需要高深的学问和细心的研究。无论是满腹经纶的文人,还是目不识丁的村妇,只要看到关公手提青龙刀,胯下赤兔马的雄姿,就可感到其有万夫不当之勇。经过历代文人墨客的极力宣扬,特别是《三国演义》这一"天下第一才子书"的精心描绘,关公作为"武圣人"、"古今名将第一奇人"勇冠三军的形象,栩栩如生地呈现在世人面前。"温酒斩华雄",关公初露锋芒就不同凡响,令各路诸侯震惊不已。斩颜良,诛文丑,解白马之围,充分显示了关公的神威勇武。在颜良连杀曹操二将,耀武扬威之时,曹操请关公出马。面对颜良严整有序的阵势,曹操说:"河北人马,如此雄壮!"关公却说:"以吾观之,如土鸡瓦犬耳!"颜良则"如插标卖首耳!"然后奋然上马,倒提青龙刀,"凤目圆睁,蚕眉直竖"直冲河北军阵,只"手起一刀"便将颜良"刺于马下",又下马割了首级"拴于马项之下,飞身上马,提刀出阵,如入无人之境"。作者借曹操之口赞曰:"将军真神人也!"非神人何能如此勇武绝伦!过五关斩六将,单刀赴会,以及刮骨疗毒等等事迹,淋漓尽致地刻画了关公的神威勇武。关公的勇武，受到世世代代人们的称颂，许昌灞陵桥关庙有联：

匹马斩颜良，河北英雄丧胆；
单刀会鲁肃，江南文武寒心。

贵州镇宁县有联曰：

声威何其震，功勋何其赫，忠义何其重，真武圣人也！
富贵不能淫，贫贱不能移，威武不能屈，诚大丈夫哉！

杭州关庙的楹联则赞曰：

义勇冠三分，想西湖玉篆得摹，终古封侯尊汉寿；
威灵跻吴相，看东浙银涛疾卷，迄今庙貌并吴山。

力、勇、智是古代英雄品格的集中体现，是人类征服自然、改造社会的必备素质。崇尚力、勇、智是人类生存发展的需要。因此，人们崇拜关公的勇武，具有深厚的社会文化底蕴。在这种崇拜中，充分寄托着正战胜邪、善战胜恶的道德理想。人民渴望关公这样充溢着力、勇、智的英雄，正反映着历史的要求，因为生活在残酷封建统治下的民众，想起而反抗、斗争，就必须依靠自己的力、勇、智。同时，处于人民对立面的封建统治者，也需要武力来维持其对人民群众的统治。这

样,民众与统治者,从各自不同的利益和立场出发,都对关公的勇武给予崇尚,从而使社会对关公的勇武的崇拜长盛不衰,使勇武成为关公文化中富有魅力的内容。

二　关公文化的核心

关公文化的忠、义、仁、智、信、礼、勇诸内容,是相互联系的统一整体。忠与义结合,是忠义;义与仁相连,是仁义;智与勇相配,是智勇;信与义相系,是信义;仁与勇相融,是仁勇。孔子说:"仁者必有勇",就说明仁与勇是紧密相连的。但这并非说,关公文化的各项内容是无区别的同等重要。就重要性而言,勇是较为重要的一个层次,而忠、义则是更重要的层次,是核心。

在关公文化的上述诸要素中,勇是忠、义、仁、智、信、礼得以实现的条件和保证。在汉末诸侯割据群雄竞起的局面中,关公要对国以忠,待人以义,处世以仁,没有勇武的精神和能力是办不到的。靠着他的勇武绝伦,才能过关斩将,千里寻兄,做到对刘皇叔的忠诚。在后世,关老爷的勇武超群,鼓舞了一代代社会下层民众惩恶扬善的壮举。

关公文化的核心内容是忠义。关公"彻底一忠","义贯千古",他就是忠义的化身,其一生就是一曲忠义的赞歌。忠义是关公文化的核心,关公文化的研究者对此已形成共识。究其原因,有三个方面:其一,从忠义的内涵与重要性看,忠与义是中国传统伦理道德乃至整个传统文化中最重要最普遍的两个范畴,是规范人们行为的最高准则,它涵盖了人们最重要的社会关系和人际关系。忠调整着封建社会中君臣之间、上下级之间、父子之间纵向的人际关系，要求后者无条件地服从前者，从而形成等级森严、以皇帝为至尊的社会秩序；义则调整着朋友、同级、同辈一类横向的人际关系。忠义的内容都是覆盖全社会的，但忠更为统治阶层和正统社会所推崇，而义则更受市民社会、普通百姓所拥护，忠义结合，可谓上下沟通，左右逢源。崇祀关公，宣扬关公文化"欲使君臣劝忠，朋友效义"。这对封建社会正常秩序的维护是绝对重要的。其二，从忠义与关公文化中仁、智、信、礼、勇等内容的关系看，忠义是最能反映关公文化精神实质的部分，是规定、联结关公文化各方面内容的核心。忠体现着封建意识形态的性质和方向，是义、仁、智、信、礼、勇的基础和前提。义必须是忠义，即忠君前提下的义，才是封建社会所认可和提倡的。信也必须是忠信，信要服从对皇帝的忠诚。勇也必须是忠勇，造反者的勇是绝对不允许的。所以，忠是贯彻关公文化所有内容的，如此才"彻底一忠"。义则是更明显地渗透于关公文化其他诸内容之中的，仁、智、信、礼、勇都贯穿着义的内容，是仁义、义智、信义、礼义、义勇。可见，忠义是统帅仁智信礼勇的，是关公文化的本质与灵魂。其三，从人们对关公文化的评论和赞誉看，对关公文化称颂最多的集中在忠义方面。"精忠贯日月，大义薄云天。""彻底一忠，耿耿乎生死不相背负；横绝千古，洋洋哉云天常著英灵""英贯金石，壮节植纲常。平生一片心，皎如赤日光。"……自古至今，歌颂关公忠义精神的文字不计其数，仅从关庙楹联这种最能揭示关公文化精髓的形式

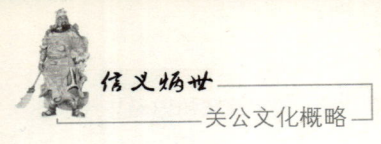

看,赞颂关公忠义的所占比重很大。又如:

英雄有几称夫子,忠义惟公号帝君。

秉烛岂避嫌,昼夜思汉室;
华容非报恩,始终藐奸雄?

志在春秋,自昔尊王伸大义;
身骑箕尾,于今配帝答孤忠?

天地一完人,文武才情忠义胆;
古今几夫子,英雄面目圣贤心。

师卧龙,友子龙,龙师龙友;
兄玄德,弟翼德,德兄德弟。

大义秉春秋,辅汉精忠悬日月;
威灵存宇宙,干霄正气壮山河。

于右任先生曾为马来西亚关庙题联:

忠义二字,团结了中华儿女;
春秋一书,代表着民族精神。

如此等等，不一一列举。这些楹联无一例外地高度赞誉关公的忠义精神和壮举，歌颂了关公平生对刘汉王朝的无限忠诚，对兄弟、朋友的参天大义。由此不难看出，人们是把忠义作为关公精神的内核来看的。综而观之，历代皇帝对关公的封谥中，亦竭尽宣扬"忠义"精神之能事。第一个封谥关公的是宋徽宗，他于崇宁元年（1102年）敕封关公为"忠惠公"，又于宣和五年（1123年）追封关公"义勇武安王"。在其影响下，后来各地许多关庙都俗称"忠义庙"或"三义庙"，皆突出忠义。宋徽宗在对招安后的梁山起义军头领进行分封时，仍然是强调忠义。把起义军的"正将封忠武郎，偏将封为义节郎"。清高宗乾隆四十一年（1776年），为强调关公的"忠义"精神，专门下诏将封谥关公的"神勇侯"，改谥为"忠义侯"。清代顺治皇帝于顺治九年（1652年）在关公的封号中加"忠义"二字，称"忠义神武关圣大帝"。其后乾隆皇帝唯恐人们不知"忠义"之重要，而于乾隆四十一年（1776年）为关公改谥专门颁发了一道谕旨：

> 关帝在当时，力扶炎帝，气节凛然，乃史书所谥，并非嘉名。陈寿于蜀汉有嫌，所撰《三国志》多存私见，遂不为之定论，岂得为公。从前，世祖皇帝曾降谕旨，封为忠义神武大帝，以褒扬盛烈……夫神之义烈忠诚，海内咸知敬祀，而正史犹存旧谥，隐寓讥评，非所以传信万世也。今当抄录《四库全书》，不可相陋习，所有志内关帝谥，应改为忠义。但本传相延已久，民间所行必广，难于

更易,著交武英殿,将此旨刊载传末,用垂永远。其官板及内府陈设书籍,并著改刊此旨,一体增入。

在这里,乾隆竟批评历史,篡改历史,以强调对关公忠义的崇拜,足见对忠义是何等重视。这从这一个侧面,也说明忠义乃关公文化的核心。

第三节　关公文化的创造主体

那么,内容丰富、形式多样的关公文化是由谁创造的?或者说,关公文化的创造主体是谁呢?

首先是普通的人民大众。是他们在生活实践中,根据自己的需要和想象,创造出反映关公忠义仁勇的故事的雏形或素材,如最早的神话、传说、故事等等。这种初始的关公文化还是片断的、零散的、简单的、未经加工的。另一方面,关公文化的物质载体,如关庙等建筑,是千千万万的普通劳动者勤劳的双手所创造的。

其次是民间艺人。他们也是人民大众的一部分,但与一般民众相比,又具有一定的文化素质和创作才能。由于他们生活在普通民众之中,有条件有可能将群众中某些关公文化的萌芽,进一步培育,进行初级加工、提高,使其具有一定的系统性、逻辑性和艺术性,具有理性的成分或因素。他们创作的关公文化往往还是比较粗糙的,更多的具有感性的成分。有些作品,如雕塑,则可以达到极高的艺术水平,其创作者——工匠，实际上是民间艺术家。

第三是封建文人。他们是一些具有较高文化素养的人，是他们将民间的关公文化形态进一步加工提高、进一步进行艺术创造，形成各种作品：小说、戏剧、曲艺、诗歌、绘画等等。他们在关公文化的创作中做出了重大贡献，如《三国演义》，堪称关公文化的代表作。

第四是封建统治者。封建帝王及大小官吏也直接参与了关公文化的创造，如历代皇帝对关公的封谥、题词、颁旨，官方制定的关公庙制、祭祀典制等，也构成了关公文化的重要内容。

第四节　关公文化的特点与作用

关公文化包含着丰富的民族文化内容，它无疑是中国传统文化的集中载体，具有鲜明的个性和特点。

一　广泛性

首先是主体的广泛性。综上所述，关公文化的创造主体具有"全民性"的特点，既有广大民众，又有封建统治者，更有文人雅士，在这一点上可以说关公文化是一种"全民文化"。它是由中华民族共同创造的，除了汉民族之外，满、蒙、藏等少数民族也参与了创造。其次是内容广泛性。关公文化既包括伦理道德思想，又包括政治思想；既有宗教思想，如佛家、道家思想，又有儒家思想；既有文学艺术如小说、诗、词、赋、

电视等，又有建筑艺术，如各种庙、宫殿、雕刻等等；既有典章制度，又有民风民俗等等。最后是影响的广泛性。关公文化的社会影响十分广泛，对关公文化的崇拜超过了对任何一种宗教或民族文化的崇拜，对关公的崇拜超过了对任何一位历史人物的崇拜，关公崇拜是名副其实的"全民崇拜"。具体表现为"五个超越"：一是超阶级性。在封建社会里，上自皇帝和王公大臣，下至庶民百姓、文人雅士、三教九流、造反义军、社会黑帮等等，无不对关公顶礼膜拜，贵为天子的皇帝也要向关公行三跪九叩之大礼，足见尊崇至极。当然，不同阶级对关公尊崇的内容是不同的，其目的也截然相反。无论不同阶级的关公崇拜多么不同，但都是无一例外地把关公文化作为一种精神支柱，从中汲取力量，获得慰藉。二是超民族性。不仅是超越汉民族，而且是超越中华民族。关公不仅是人口最多的汉族崇拜的神灵，而且受到满、蒙、藏、维吾尔等少数民族的尊崇，某些少数民族的关公崇拜比起汉人有过之而无不及，满族就是其代表。早在入关之前，满族统治者就研读《三国演义》，并付诸政治实践，效仿刘、关、张"桃园三结义"，与蒙古各族结盟为兄弟。入关后，关公崇拜进一步强化，把关公作为清王朝的"保护神"、"军魂"、"战神"，对关公的封谥更是达到登峰造极的地步。皇宫内部对关帝的祭祀敬奉，比汉人王朝更隆重。关公不仅受到中华各民族的崇敬，而且受到海外其他民族（非华裔）中部分人的崇拜，如美国学者焦大卫就明确表示，他敬重关公这位"大神"。三是超教派。在中国文化史上，儒家、道家、佛家，各成体系，并一度"三家势成鼎足"明争暗斗，但对关公的崇拜则是一致的。佛教有关公"托梦显灵"的传说，并封关公为"伽蓝神"；道教则有关公"降神靖妖"的神话，并封关公为"真君"；儒家把关公宣传为"忠义孝友"的典范，赐以"圣人"的桂冠，正所谓"三教尽皈依"。在中国文化史上还没有哪一位历史人物能赢得如此广泛的推崇。四是超国家性。关公崇拜不仅是中国的文化现象，而且是世界性的文化现象。在越南、新加坡、马来西亚等东南亚国家，在日本、韩国，在澳大利亚、美国等等，世界上凡有华人居住生活的国度，关公文化作为一种颇具中华民族特点的文化习俗，便在那里出现蔓延，以至形成"关公庙貌遍天下，五洲无处不焚香"的文化景观。伴随着世世代代无数走出国门的中华儿女，关公文化也就走向了世界。五是超时代性。关公文化是封建时代的产物，但作为一种富有活力的文化现象，它在资本主义时代、社会主义时代也依然存在，并对现实的社会生活发生着影响。

广泛性或宽泛性是关公文化最表层也是最显著的特点，中华民族的其他多种文化，其存在的广泛性，都无法与关公文化相比肩。

二 群众性

关公文化是一种群众文化，是老百姓自己的文化。关公的"义"，与普通人紧紧地联系在一起。关公生前善待卒伍，接近普通人。他保国护民，惩恶扬善，消灾祛病，救人水火，被人民群众视为保护神，成为社会下层民众希望摆脱苦难、追求幸

福的精神寄托。所以，千百年来，人民群众对关公的崇拜有增无减。"庙食盈寰中，姓名走妇孺"，就是关公文化深厚的群众基础的生动写照。这与儒家文化形成了鲜明的对照。儒家文化是中国传统文化的主流，影响不可谓不大，孔圣人的崇拜者也大有人在，但它在群众中的影响却远不能与关公文化相比。这是因为，儒家文化是一种雅文化，其影响主要在上层社会。更因为在孔圣人的眼里，"上智"与"下愚"、君子和小人是泾渭分明的，士、农、工、商中，士最高贵，做工务农的劳动者是不屑一顾的。所以在老百姓眼里，孔子是高高在上的圣人，可望而不可及，因此对他的感情就有距离。普通群众对儒家文化的拥护与崇拜也是有限的。就拿庙宇来说，关帝庙遍及全国城乡，即使是偏僻山庄、边陲海岛，也建有关庙，其数量远远超过了孔庙。由此可见，孔子是社会上层部分人心目中的神，而关公则是广大民众的神。

三　世俗性

文化可分为典籍文化和世俗文化两种。儒家文化属于典籍文化，它有大量的著作、系统的理论。而关公文化则是一种世俗文化，无数的寺庙、众多的神话、传说、小说、戏剧、民风习俗，就是关公文化的表现形式。各地关庙在关公诞辰、殉难日往往都要举行群众性的祭祀活动；许多关庙中都有"关帝签"，吸引许多朝拜者占卜吉凶祸福；许多关公庙会、文化节与各地区、各民族的风俗习惯紧密结合，成为富有地方特色、民族特点的民间传统文化活动。如果说儒家文化是一种雅文化的话，那么关公文化则更多地表现为一种民俗文化。

四 包容性

一般说来，任何一种文化都不是绝对纯粹的，而与其他文化相互关联、相互渗透、相互包容。作为本质上是儒家文化之一部分的关公文化，直接与佛家文化、道家文化相联系。关公是儒家的武圣人、关夫子，同时又被佛家封为玉泉寺的"护法伽蓝神"，还被道家封为"天尊"。所以，关公文化就成为一种以儒家文化为本质同时又包容了佛家、道家文化的某些内容在内的复合性文化。

五 延续性

作为观念形态的关公文化，属于封建社会的意识形态，具有相对独立性。所以，在中国封建社会的经济基础已不复存在的情况下，它还会较长时期地存在，并对现实社会生活发生影响。关公文化的形成和发展，在中国封建社会已有一千多年的历史，无论王朝如何变迁，关公文化都在延续。即使社会形态更替，封建社会为社会主义社会所代替，关公文化、关公崇拜的社会现象并没有消失，而且随着工业社会（在中国）和后工业社会（在西方）的到来，反而出现了一股不大不小的关公热。在中国大陆许多地方，或民间或政府出面组织捐资、投资、修复、修建关公庙宇和关公文物景点，年复一年地举办关公庙会、关公诞辰或忌日朝拜活动和关公文化节。关公的故乡山西运城就是典型，从 1990 年开始，由政府出面，组织规模

宏大的关公庙会、关公文化节已达20余次。在台湾，关公崇拜之风更是如火如荼，社会集资修建的关庙、塑造的关帝圣像，其规模之宏大，艺术之精美，都达到了空前的水平。即使在文化的中心地带——美国，关公文化也顽强地存活着。1994年1月，美国纽约的华人就开始筹建关帝庙。1994年2月4日，在纽约华埠坚尼街94号，来自世界各地各界的2000多名华人举行了隆重的"关帝圣像开光盛典"。高5.9英尺的关公坐像，右手托《春秋》，左手捋长髯，身着古铜盔甲，端坐于神龛之中，"义节千秋"的金匾高悬。这一年7月下旬，纽约各界华人在这里举行了隆重的纪念关公诞辰的仪式。由于关公文化的积极方面对现代社会尚有价值，社会还需要它，所以关公文化作为一种民族传统文化的存在还将继续下去。关公文化长久不衰，充分体现了其旺盛的生命力。

六　封建性与人民性的统一

无疑，关公文化首先是一种封建文化，它在封建社会的经济基础上产生，其内容浸透了封建思想的精粹，目的也是为封建社会服务的。但另一方面，关公文化又有人民性的一面。人民群众直接参与了它的创造过程，它在一定程度上反映了普通群众的利益和愿望，并深受社会下层群众的拥护和崇拜，在一定程度上成了人民群众同社会、自然做斗争的精神武器。当然，在关公文化的封建性与人民性这一对矛盾中，封建性是矛盾的主要方面，它决定了关公文化的性质。

七 民族性与世界性的统一

一般来说,文化都是民族的,又是世界的。关公文化的这一特点尤其突出。一方面,它是中华民族的文化,具有鲜明的中国特色,尤其是儒家文化的特色,与印度文化、日本文化、美国文化等异民族文化有明显不同。另一方面,关公文化的忠义精神、仁爱精神、勇武精神等等,又是人类共同的精神财富,反映了人类共同的崇善至美的本性,反映了人类对文明的渴望和追求。忠义仁勇的关公精神不仅为中国人所推崇,亦为其他民族所崇尚。日本人对忠情有独钟,主张绝对地效忠天皇。出于西方文化圈的美国人、欧洲人,对仁爱思想尤为重视。遍布世界各地的华人把关公文化也带到了世界各地,使关公文化在世界范围内落地生根,成为人类共同文化的一个有机组成部分。关公文化走向世界,融汇于人类文化之中,既有益于民族文化的发展,又能对世界文明的进步做出应有的贡献。

第八章　关公文化的现代意义

2013年8月，在中央召开的全国宣传思想工作会议上，习近平总书记作了重要讲话。在讲话中，习近平总书记指出：

> 要讲清楚每个国家和民族的历史传统、文化积淀、基本国情不同，其发展道路必然有着自己的特色；讲清楚中华文化积淀着中华民族最深沉的精神追求，是中华民族生生不息、发展壮大的丰厚滋养；讲清楚中华优秀传统文化是中华民族的突出优势，是我们最深厚的文化软实力；讲清楚中国特色社会主义植根于中华文化沃土、反映中国人民意愿、适应中国和时代发展进步要求，有着深厚历史渊源和广泛现实基础。中华民族创造了源远流长的中华文化，中华民族也一定能够创造出中华文化新的辉煌。独特的文化传统，独特的历史命运，独特的基本国情，注定了我们必然要走适合自己特点的发展道路。对我国传统文化，对国外的东西，要坚持古为今用、洋为中用，去粗取精、去伪存真，经过科学的扬弃后使之为我所用。

习近平总书记的四个讲清楚，是代表中国共产党人第一次全面而公开地阐述了中华文化的历史地位、作用和对它的理性认识，并公开表明中国共产党对中华优秀传统文化的态度和政策取向，是党中央重视中华优秀传统文化的动员令。

"四个讲清楚"无疑为研究关公文化也指明了正确的路径。关公文化作为中华传统文化的集中载体，它对社会生活最直接的意义在其精神方面，最主要的是在伦理道德方面。之所以如此，是由于在中国社会，道德总处于至高无上的地位。

关公"彻底一忠"的精神深受历代统治阶级所推崇，关公"义贯千古"的精神，则成为平民阶层信守的道德准则。千百年来，人们崇拜关公，不仅仅是崇拜关公的勇武，尤其是崇拜关公的道德品质，崇拜关公威武不能屈、富贵不能淫、贫贱不能移的英雄气节和高尚情操。长期以来，经过官方和民间的共同推崇塑造，关公已成为人们心目中理想的道德偶像，被顶礼膜拜。因此，关公文化实质上是一种道德文化，体现着中华民族崇尚道德的精神。这种对道德的推崇，不仅在历史发展的过程中有其价值，在今天也有其现实意义。诚如江泽民总书记1994年视察运城时，在解州关帝庙宏论关公，并希望大力弘扬关公文化，为我国的现代化建设做出应有的贡献。

第一节 有利于和谐社会的构建

党的十六届六中全会通过的《中共中央关于构建社会主义和谐社会若干重大问题的决定》，科学判断国内外形势的发展变化，深刻总结我们党促进社会和谐的历史经验，全面分析构建社会主义和谐社会有利和不利条件，明确提出了构建社会主

义和谐社会的指导思想、目标任务和基本原则,为推动这项伟大事业指明了方向。所以,追求及构建诚信的和谐社会,是中华民族与世界的主题,也是各种掌握与设计美好社会权威者与思想家的主旋律。

试想,若一个人、一个集体乃至一个民族、一个国家没有诚信,那么就没有和谐可谈。因此,在构建社会主义和谐社会这个关键时刻,我们认为推出关公文化是及时的,也是必要的,因为关公的诚信精神,是立国之本、和谐之本;立业之本、经营之本;立身之本、做人之本。

从历史发展的角度看,社会和谐是一个动态、有序的状态。在中华民族几千年的文明史中,虽然可能是出于生存的压力产生了过度的竞争,但我们对谋略的热情总不能遮掩我们对社会和谐的追求、大同社会的向往。仁政、民本思想的提出,天人合一理念和兼容并蓄方法的运用,都有和谐理念的闪光。特别是当今社会处于急剧转型期间,各项建设都取得了巨大的成就,人们的道德观念和行为方式发生了深刻变化。在各种思想文化互相激荡的环境中,社会失信现象十分严重,我国社会诚信道德成为相对紧缺的资源,可见诚信是和谐社会的道德根本要求。作为人类文明的共同精神财富和普遍价值,诚信要求全社会互帮互助,诚实守信,全体人民平等友爱,融洽相处;另一方面诚信又是和谐社会的道德准绳,是公民的一种道德品行,在公民个人道德品行的养成及其人生历程中起着基础的作用。诚信是友爱的前提。缺少诚信,人们之间就会失去信任,就会猜疑,人际关系就会处于紧张和摩擦之中,自然就谈不上友爱；人与人之间如果没有友爱，其伦理关系就不会和谐融通，就不会互相帮助。一个缺少诚信友爱品性的国民组成的社会，绝对不可能和谐。关公文化的社会力量很大程度上维持了正常社会的某种良好秩序。有了这种对正义和品格价值的认同，社会才不至于在人世的贪欲中完全沦陷。因此，关公文化的核心——诚信，是构建和谐社会的基础。

胡锦涛同志《在省部级主要领导干部提高构建社会主义和谐社会能力专题研讨班上的讲话》中指出："我们所要建设的社会主义和谐社会，应该是民主政治、公平公义、诚信友爱、充满活力、安定有序、人与自然和谐相处的社会"，"一个社会是否和谐，一个国家能否实现长治久安，很大程度上取决于全社会成员的思想道德素质。没有共同的理想信念，没有良好的道德规范，是无法实现社会和谐的"。有鉴于此，维护和继承中华民族优秀道德传统，是关公文化在当代社会中所具有的新价值和新作用。

可见，关公文化的核心——诚信，对构建和谐社会有着多么重要的意义。大家知道：诚信不仅是一种品行，更是一种责任；不仅是一种道义，更是一种准则；不仅是一种声誉，更是一种资源。就个人而言，诚信是高尚的人格力量；就企业而言，诚信是宝贵的无形资产；就社会而言，诚信是正常的生产生活秩序；就国家而言，诚信是良好的国际形象。

关公作为一种道德崇拜的载体，在一个时期内成为具体的品格象征。对关公的神化，不是个人崇拜的神化，而是品格崇拜的神化，这种神化有着积极的现实意义。关公文化的形成与

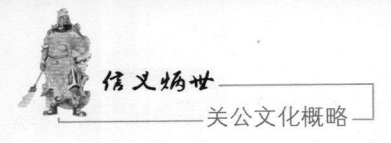

发展不是狭隘的文化,而是中华民族区别于世界其他民族的标识性符号,对关公文化的积极社会意义的认同,进而构建社会主义和谐社会,是值得我们重视和研究总结,并重新作出现代性的诠释。

回顾历史我们可以看到,关公文化的形成和发展,是伴随着中国传统文化逐步发展起来的。或许我们可以把这一现象,视为传统的中华文化,在面对社会结构发生深刻变化,面对新兴文化阶层挑战,面对国际文化冲击的时候,所进行的一次新道德的文化再现。这一新道德的载体之一关公文化,实现了社会思想道德、价值体系与经济发展相适应、相平衡、相一致,从而在中华民族进入商业时代的历史进程中,保障了社会相对和谐与稳定,实现了经济与社会的可持续发展。

第二节　有利于增强民族凝聚力

关公文化具有增强民族凝聚力,促进祖国统一的政治意义。关公一生奋斗,就是为了匡扶汉室,一统天下。关公的忠义仁勇精神,就体现在其实现最高理想的奋斗之中。关公的政治目标和理想,就是复兴刘汉王朝,这是他终生的最高追求,也是其行为的最高准则。为实现这一理想,他矢志不移地奋斗,征战一生,并最终为之献身。这就是关公文化的核心——忠的政治含义,也是历代封建统治者无限崇拜关公的最终原因。

关公文化中包含着丰富的"统一"思想,他既是对中国古代"统一"思想的继承,也是其重要的表现。这一"统一"思想大量地存在于关公文化的传说、故事、文章、诗、词、楹联、著作之中。福建东山铜陵关帝庙那幅著名的楹联写道:

数定三分,扶炎汉平吴削魏,辛苦备尝,未了一生事业;

志存一统,佐熙朝降魔俘虏,威灵丕振,只完当日精忠。

这副楹联广泛流传,影响深远,堪称表现关公"统一"思想的代表性佳作。该联从内容到形式都达到极高水平。上联概括了关公平生业绩,歌颂他为实现"扶炎汉"统一天下而"平吴削魏"、"辛苦备尝"的奋斗精神。下联表现关公成神之后依然不忘统一国家的夙愿,继续为朝廷"降魔俘虏",施展神威,以尽精忠之心。寥寥四十二字,精辟概括了关公的一生,热情讴歌了关公"志存统一"的精神。这幅名联不仅被黄道周题写在故乡东山铜陵关帝庙,而且被台湾知府杨廷理题写于台湾省的祀典庙——台南武庙,足见影响之大。关公"志存统一"的精神,具有十分重要的历史意义和直接的现实意义。在历史上,每当我们的民族遭侵略、国家被宰割的时期,这种追求"一统天下"的思想,就可能转化、升华为爱国家、爱民族、爱人民的爱国主义精神。今天我们党提出"一国两制"的伟大构想,用以解决台湾和香港问题,实现国家和民族的团结统一。在这一伟大的事业中,需要我们汲取民族传统文化中有

益因素,其中包括关公文化中实现国家统一的合理思想。因此,关公文化中的"大一统"思想,对于我们用"一国两制"方式实现祖国统一,具有直接的现实政治意义。

近年台湾极个别妄图分裂国家、搞"台独"的人,为了破坏两岸关系,极力阻挠、反对两岸的文化联系,鼓吹所谓台湾的"本土文化",企图以此代替两岸同根同源的中华民族传统文化。我们宣扬关公文化,以民间的关公文化交流促进两岸政治交往,是同企图分裂祖国的反动势力进行的针锋相对的斗争。台湾岛内具有深厚的关公文化基础,民众普遍信仰关帝,信众之多在台湾各种信仰中处于首位。人们对关公的崇拜带有浓厚的宗教情感,或者说,台湾的关公信仰已完全是一种宗教信仰,近年来,台湾岛内的关公文化热在升温,对促进官方政治交流很有好处。比如 2013 年 3 月,运城解州关帝庙的关帝圣像曾跨越千山万水,运赴台湾,进行了为期数十天的"巡游",盛况空前。这无疑为增进两岸同胞的民族凝聚力起到了不可估量的积极作用。

第三节 有利于核心价值观的认知与认同

2012 年 11 月,十八大报告首次概括了社会主义核心价值观:"倡导富强、民主、文明、和谐,倡导自由、平等、公正、法治,倡导爱国、敬业、诚信、友善,积极培育社会主义核心价值观。"

核心价值观是无形的,要真正落实到日常生活并不容易,心虽向往之，却往往不得其径。造成这样的窘境，一个很重要的原因，是因为近代以来，中华优秀传统文化的自信缺失与花果飘零，致使价值观失去了它的源头活水与厚实土壤。习近平总书记最近多次强调，弘扬和践行社会主义核心价值观必须立足于中华优秀传统文化。这不仅点出了问题，而且也指出了路径。

以核心价值观中的"爱国、敬业、诚信、友善"为例，它集中体现了中华民族的传统美德，反映了中国共产党人的道德价值观，凝练了社会主义国家公民的基本价值追求和道德准则要求。它从个人的政治道德、职业道德以及个人的德行品格等诸多方面，强调了作为一个社会主义社会的公民应当具有的核心道德价值。加强对全体公民的价值观、道德观教育是一项长期而紧迫的任务，尤其是面对当前社会经济利益和分配方式多样化的趋势，面对全面建成小康社会和人民群众精神文化需求的不断增长，面对世界范围各种思想文化的相互激荡，如何形成社会的主流价值观、如何把公民价值观道德观教育提高到一个新水平，遂成为摆在全党和全国人民面前的一个重要课题。

一个民族的文明进步，一个国家的发展壮大，需要一代又一代人接力努力，需要很多力量来推动，核心价值观是其中最持久最深沉的力量。中华民族有着5000多年的悠久历史和灿烂文化，而且中华文明从远古一直延续发展到今天。为什么中华民族能能够在几千年的历史长河中顽强生存和不断发展呢？很重要的一个原因，是我们民族有一脉相承的精神追求、精神特质、精神脉络。今天，中华民族要继续前进，就必须根据时

代条件,继承和弘扬中华民族的民族精神、中华民族的优秀文化,特别是包含其中的传统美德。

如果说,培育和弘扬社会主义核心价值观要从中华优秀传统文化中汲取丰厚的滋养,那么,关公文化无疑是中华民族传统美德的共同点。这个共同点,无论怎样的政治原因和地域原因,都是动摇不了的,都是取消不了的。人们崇拜关公,实际并不是、或者说并不完全是信服他的神异的灵验,不是乞灵于他的神力,而主要是敬佩他的道德人格,他的伦理品质。他的信义精神就是中国传统文化中的人文精神;他的仁勇品质就是中国传统道德的集中体现。他所坚持和践行的春秋大义,是我们民族生命的 DNA,是我们民族精神的遗传因子。崇拜关公的历史,就是中华民族的心路历程。在中国广袤的国土上,在华人世界的人群中,这是大家共有的文化向往,是大家对中国传统文化核心价值观的共同认知,是所有中国人民和所有华裔人们一致的民间意识形态。

关公文化是中国传统文化教育的集中载体,正义、忠贞、仁义、仁爱、磊落、赤诚、信用、坦荡、英勇、刚猛、雄烈、豪气、坚毅、忍耐、担当、自尊、威严、凛然、坚强、不屈,还有对不义之财的蔑视、对美色的矜持、对官位的淡泊……这么多高贵的品行和伟大的精神,都表现在关公一生的行动中,都蕴藏在关公文化不朽的灵魂里。

不管社会形态和阶级关系怎样变化,不管人们的现实生活与现代人格如何进步,这些传统美德的内核和精华仍然是要坚持和传承的。

伟大时代需要伟大的精神,崇高的事业需要榜样的引领,在培育和践行社会主义核心价值观的同时,我们还需要这些道德精华和高贵品质,时代仍需要关公文化。加强与弘扬关公文化中的精华部分,有助于推进社会公德、职业道德、个人品德教育,有助于倡导爱国、敬业、诚信、友善等基本道德追求,有助于弘扬真善美、传递正能量。关公文化是人类道德精华和高贵品质的集合体,是社会主义核心价值观的植根,它积淀着中华民族最深层的精神追求和行为准则,符合民族心理,反映民族特征,体现民族品格。

第四节 有利于市场经济的健康发展

在社会科学技术日新月异的今天,市场经济无疑在社会生活中占有主导地位。在市场经济中,以社会分工为基础的交换关系,要求双方以信用作为守约条件,日益扩展的市场关系逐步构建彼此相连,互为制约的信用链条,维系着市场关系和市场秩序状况。加强市场诚信,是完善社会主义市场经济的必然要求。

《中共中央关于完善社会主义市场经济体制若干问题的决定》强调:"增强全社会的信用意识、政府、企事业单位和个人都要把诚实守信作为基本行为准则",政府的诚信,关系民主政治、公平正义,影响着政府的公信力,决定着市场经济能否健康发展。

而关公文化中的信义精神,可以引申、转化、发展为市场

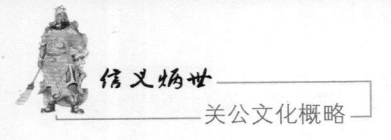

经济生活中的信誉原则、守信原则。

关公文化的信义精神,对社会主义义利观的形成颇具借鉴意义。义与利是一对古老的矛盾,如何处理它,是一个永恒的话题。以利害义,唯利是图,向来为人们所不齿。以义代替利,以义否定利,把义与利对立起来的传统观点,如"君子喻于义,小人喻于利";"正其谊不谋其利,明其道不计其功";"存天理,灭人欲"等断言,也是片面的。社会主义市场经济所要求的社会主义义利观,坚持"把国家和人民利益放在首位而又充分尊重公民个人合法利益",坚持个人利益和集体利益的统一。坚持把国家利益和人民利益放在首位,这就是义。在我国社会主义市场经济建设过程中出现的道德沦丧、信任缺失、腐败迭出等现象,都足以说明市场经济中道德调节的重要性。

国无德不兴,人无德不立,市场经济无德,也必然搞不好、搞不成。"地势坤,君子以厚德载物。"中国特色社会主义之所以能席地而来,浩浩荡荡,其特色之一,就是能以"厚德"载市场经济。所以核心价值观建设在道德问题上聚焦,道德问题在市场经济发展中凸显。市场经济中的道德问题,尤以信用缺失症为重。其主要有四种表现:一切向钱看,信用缺失症在细胞滋生;有钱啥都干,信用缺失症向机体蔓延;权钱做交易,信用缺失症使器官腐败;为钱可逆天,信用缺失症让大家疯狂。

致富是大家的期盼,穷病穷病,都是穷出来的病,但是富怎么也能出来病呢?改革开放极大地根治了穷病,但不能"富得丢掉了魂，穷得只剩下钱"！不能搞的大家都心浮气躁不思进取，心烦意乱不知所从，心高气盛欲壑难填！

无论东方西方，无论已"后现代化"还是在努力实现现代化，都面临一个共同的问题——市场经济条件下的道德调节问题。

现代化使人们的物质生活水平普遍提高，可精神世界却缺少了关照。现代的人们拥挤在高节奏、充满诱惑的现代生活中，心浮气躁，"迷信逐物"。如果失落了对自身存在意义的终极关怀，人靠什么安身立命？问题是现代化和市场经济不断放大满足安身立命的基本约定，刺激、放任个体对物质享受的过度追求。于是，"天下熙熙皆为利来，天下攘攘皆为利往"。近利远亲、见利忘义、唯利是图、损人利己甚至"要钱不要命"的道德失范现象，在生活提高、人类进步的现代化浪潮中沉渣泛起。

市场经济有两个起点，每个经济的个体都追求利润的最大化，这是资本的本质；每一个真实的个人都追求利益最大化，这是自私的本性。社会转型带来了信任模式的断层，许多不道德、不诚信的行为与市场经济中的不规范、不发达相伴相生。

市场经济对道德是"二律背反"。一方面，资本追逐利润，个人追求物质利益，导致拜金主义——排斥道德；另一方面，社会整体追求诚信、正义，市场规则要遵守，道德要自律——要求道德。

所以，面对此种情况，我们需要关公文化。康德说过，有两样东西一直让我心醉神迷，那就是头顶的星空和内心的秩

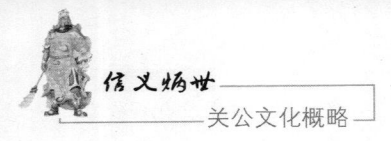

序。内心的秩序是什么？今天就是要倡导爱国守法敬业诚信。而继承和发扬关公文化中的信义精神，的确有利于构建市场经济的有序机制。

第五节　有利于职场价值的实现

毋庸置疑，每个人都想在职场有所作为，出人头地，力争杰出，力争优秀。然而，许多人终其一生，却业绩平平，无所作为，间或懊悔不迭，遗憾不已！究其原因，根本在于他在职场上背离了做人的道理和做事的准则，还常叹怀才不济，命运欠佳。

那么，如何才能在职场游刃有余，颇有建树，既得领导赏识，又令同行羡慕？关公的"忠、义、仁、勇"精神或许对每个人都有所启迪。

先说关公的"忠"。忠于国家，忠于朝廷，忠于集体，忠于自己选择的扶汉抗曹事业，是关公一生的大节，是他的社会宏愿和政治理想。我们认为，"忠"是一种态度，可理解为忠于祖国，忠于职守。职场人士首先要忠于祖国、忠于人民，这是大前提，拥有了深厚的民族感情和高尚的爱国情操，才能在职场上把这种"大忠"、"大爱"潜移默化为一种灵魂自觉和具体实践。其次要忠于事业、忠于岗位，这是大境界，是把"饭碗"当作事业，形成终极一生的精神追求，唯有此，才能竭智尽忠，将自己的心智转化为脚踏实地的行动。与此同时，在职场要对领导、上司忠心耿耿、忠心赤胆；要心胸开阔，能听得进同事的逆耳忠言；要干一行爱一行，忠于职守，默默奉献。试想，你如果热爱本职工作，富于责任感，倾心工作，对工作尽职尽责，领导会不器重你吗？诚如智者所云："你在乎工作，领导也会在乎你；你不在乎工作，领导也不会在乎你！"

再说关公的"义"。遵循社会正义和同志间的义气，是关公一生的道德追求。我们认为，"义"是一种觉悟，可理解为坚守正义，光明磊落。人在职场，要处理好"责"和"利"的关系，但凡深明大义、尽职尽责之人，都必然会得到应得的利益和职场提升空间，而不能见利忘义、背信弃义，如此种种必落得悲惨下场，难有出头之日；领导交办的任务，要义不容辞地欣然接受，把事情做得完美极致，赢得领导的赏识，而绝不能拈轻怕重、讨价还价、阳奉阴违；职场最忌讳占小便宜、耍小心眼，要做到不义之财不沾，见利忘义之事不做，仗义疏财、利不亏义，坦坦荡荡、清清白白；工作中要对不合规矩、不讲原则的人和事敢于"亮剑"，仗义执言、义正辞严，亮明观点、表明态度，并用制度和纪律严格约束自己。试想，你如果在单位不埋首于工作，而一门心思计较个人得失，搞歪门邪道，趋炎附势，嫌贫爱富。或许你会得势于一时，但领导与同事迟早或发现你的真面目，而如果你富于团队合作意识，任劳任怨，踏实勤奋，工作有思路，有干劲，光明磊落，坦坦荡荡，领导不用你又会用谁？

再说关公的"仁"。仁德施政，是儒家的政治理想，也是关公终生的政治追求。我们认为，"仁"是一种准则，可理解为仁者爱人，善解人意。唯有具备了仁心仁术，才能做一名好

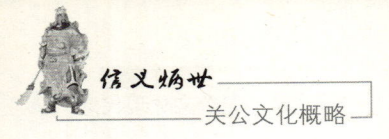
关公文化概略

领导或好员工。在一个组织里，作为职位或高或低的领导者，要有一颗仁爱、仁厚、仁慈之心，只有这样，才能实施仁政，营造宽松和谐、积极向上的职场氛围，创造更大的价值；对下属要一视同仁，"一碗水端平"，评价员工要论品行、论能力、论效益，绝不能任人唯亲、任人唯钱，走了邪路、误了前程、毁了自己；要广开言路、善于纳谏、见仁见智，不闭目塞听、偏听偏信，工作上不独断专行、不搞"家长制"和"一言堂"，充分调动每一个员工干事创业的积极性、主动性和创造性；要宽仁大度、积德累仁，不小肚鸡肠、勾心斗角，机关算尽太聪明，反误了职场前程。作为普通员工，"仁心"是你驰骋职场、接续发展的法宝，对上司交办的工作，要当仁不让、不推不诿、做到最好；职场呆久了，绝不能麻木不仁，"做一天和尚撞一天钟"，惶惶不可终日；对待职场上假仁假义、经常算计你的小人，要仁至义尽，感化不成，起码做到不招惹、不接近。试想你在单位如果与人为善，侍上以敬，待下以宽，见贫不富，见富不贫，一事当前，总设身处地替别人着想，并且乐于助人，间或哪位同事遇到难事，你总是第一时间赶到鼎力相助，忙前忙后，群众不拥护你也难，领导不器重你才怪！

最后再说关公的"勇"。关公的神勇，史册永载，民间传颂。我们认为，"勇"是一种信念，可理解为不畏困难，勇于进取。但凡在职场有所作为的人，都具有一颗"勇敢的心"。工作上最忌墨守陈规、井蛙观天，要发扬关公"过五关斩六将"的精神，勇于开拓、锐意进取、持续创新，闯出一片职场新天地；不被工作中的困难吓倒，没有过不去的火焰山，办法总比困难多，只要勇于直面、积极应对，就会赢得职场的主动；对工作中的失误，勇于担当、勇于改进，才会实现质的腾飞；在"急、难、险、重"任务面前奋勇当先、冲在前头，自身价值才会得到提升；对不适宜的职业或岗位要勇于放弃，放弃也是一种智慧，选择才能得到重生；作为职场领导，决策要果敢、果断，谋而不决、决而不断，则错失良机、徒劳无功，只有审时度势、多谋善断，才能抓住机遇，科学决策。试想，你在单位如果不思进取，得过且过，你能晋职提升吗？你如果不怕困难，勇于开拓，遇到困难的时候，不怕苦，不叫苦，不觉苦，工作干得有声有色，请放心，领导一定会重用你！

综而观之，在职场，一个人只要做到了"忠义仁勇"，他就会无往而不胜，永远立于主动地位，圆满实现职场人生的价值。

参考文献

[1] 三国志，上海古籍出版社，2011年版。

[2] 关帝志，清乾隆版。

[3] 关帝圣迹图志合集，清嘉庆版。

[4] 后汉书，中华书局，2007年版。

[5] 晋书，中华书局，1974年版。

[6] 新唐书，中华书局，1975年版。

[7] 杨伯峻注：论语，中华书局，2009年版。

[8] （清）梁章矩：归田锁记，上海古籍出版社，2012年版。

[9] （元）罗贯中：三国演义，人民文学出版社，2000年版。

[10] 赵波：关公文化概说，山西人民出版社，1999年版。

[11] 梁志俊主编：人·神·圣关公，山西人民出版社，1993年版。

[12] 柴继光：关羽——名将·武圣·大帝，三晋出版社，2011年版。

[13] 关新刚编：关公在河东，三晋出版社，2013年版。

[14] 王西兰：不朽关公，作家出版社，2010年版。

[15] 王万旭主编：关公——民族之魂，运城市华夏方志文化研究会，2013年版。

[16] 山西旅游景区志丛书编委会编：关公文化旅游志，山西人民出版社，2006年版。

[17] 蔡东洲：关羽现象与儒释道三教，中华文化论坛，1994年。

[18] 刘海燕：历代诗歌中的关羽形象及其物化意象，福建师范大

学学报（哲学社会科学版），2003年第4期。
[19] 王锋：关羽形象：从历史到艺术演变的研究，南昌大学硕士论文，2008年。
[20] 牛贤芳：谈关公文化对构建和谐社会的积极影响，山西档案，2008年增刊。

后　　记

在本书撰写之过程中，我们深切认识到，关公文化乃中华传统美德之集中载体，关公精神乃全球华人之共同文化根脉；同时，我们亦深切体悟到，关公文化之核心价值实乃二字：信义，甚或可谓一字：义！

此言何以？且看关公一生践义之履程：

仗义除恶。少年关公血气方刚，疾恶如仇。得知当地恶霸吕熊为非作歹，欺辱良民，他义愤填膺，只身闯入吕宅，斩杀吕熊，为民除害，堪为见义勇为！

笃义结盟。关公斩杀恶霸后，逃离故土。当闻知官府招兵买马，他便前去应募，结果与刘备、张飞相见恨晚，桃园结义，拜天盟誓，义贯长虹。

守义出阵。讨伐叛逆，诸侯会集。刘备投奔，遭人小觑。恰逢华雄寨前骂战，几名大将纷纷出迎，皆被华雄斩于马下。关公出阵，并非于己邀功，实为刘备争位。温酒斩华雄，可谓义不容辞。

秉义降曹。刘关张结盟早期，根基未稳，只得依附他人，又不断寻机自立。关公自守下邳，保护着刘备妻小，曹军压境，张辽在关公失城困窘之际劝降，晓以利害。关公自知不降必死，但肩负保护皇嫂之重任，壮烈身亡，堪为不义，因此便有降曹一事。但此举又非同一般缴械，实乃大义超然！

奉义辞曹。关公为保全刘备妻小，虽降曹营，心却在汉。他为感念丞相之恩，诛颜良，斩文丑。但一旦知晓刘备下落，便千里单骑，过关斩将，决然辞曹。实乃"忠不顾死，义不负心"。

尚义释曹。赤壁之战，曹操败北。华容古道，曹操念及关公当年立下"以死答之，乃某之志"之誓言，关公低首不语良久，终而长叹一声，放走曹操。在立战功与保信义之间，他选择了信义；在生与死抉择之时，他义薄云天！

崇义献身。关公败走麦城，在性命攸关之际，断然拒绝诸葛瑾之劝降，"玉可碎而不可改其白，竹可焚而不可改其节，身可损而名可垂于竹帛也"，终为蜀汉大业，义无反顾，死而后已。

毋庸置疑，关公之义，迄至今日，仍熠熠生辉。依我们之浅见，关公之义至少蕴含三层意义：一为忠义，因共同之追求与理想而生发，如忠于祖国，忠于职守，富于责任感等；二为仁义，因仁爱而形成，指富于爱心，与人为善，助人为乐，乐善好施等，比如同事之间、朋友之间、邻里之间，推而广之，人与人之间；三为情义，因亲情而萌生，比如夫妻之间，兄弟之间，父子之间，理应相互理解，相互关爱，相互牵挂，相互宽容。

有鉴于关公文化之信义精神，我们最终把本书定名为《信义炳世》。最后，尚须着重说明，在本书撰写过程中，我们参

考或引用了众多前贤与学者之相关著述，在此由衷表示感谢。

知我罪我，翘待淹明！

秦建华　谨识

2014 年 6 月 19 日